明、清、民國時期珍稀老北京話歷史文獻整理與研究

# 兒女英雄傳評話（初印本）㈥

主　編　周建設

副主編　于潤琦　馮　蒸

首都師範大學出版社
CAPITAL NORMAL UNIVERSITY PRESS

圖書在版編目(CIP)數據

兒女英雄傳評話：初印本：全6冊／周建設主編.
—北京：首都師範大學出版社，2014.8
（明、清、民國時期珍稀老北京話歷史文獻整理與研究）
ISBN 978-7-5656-2032-4

Ⅰ.①兒… Ⅱ.①周… Ⅲ.①北京話-文獻-匯編-
中國 Ⅳ.①H172.1

中國版本圖書館CIP數據核字(2014)第181467號

兒女英雄傳評話(初印本)㈥
周建設◎主編
責任編輯:趙自然　封面設計:劉銀霜
首都師範大學出版社出版
(北京西三環北路105號　郵政編碼100048)
(1)68418523(總編室)68982468(發行部)
(2)www.cnupn.com.cn
全國新華書店發行
湘潭市風帆印務有限公司印刷
710mm×1000mm　1/16　印張:20.5
2014年8月第1版
2014年8月第1次印刷
印數1-3000
ISBN 978-7-5656-2032-4
定價:516.00元

# 出版説明

北京是千年古都，在其歷史發展過程中，融合了多民族的文化習俗，尤其在語言方面，形成了極富特色的京腔、京韵，是北京文化中不可或缺的部分。隨着時代發展，人口流動頻繁，語言交互影響，老北京話中的精粹如京味兒小説、民謡童謡、方音字彙等，日漸淡出，已趨消亡之勢。

爲了更好地挖掘、保護和研究老北京話這一珍貴非物質文化遺産，首都師範大學北京話研究中心啓動了《明、清、民國時期珍稀老北京話歷史文獻整理與研究》項目。本項目是國家社科基金重點項目（編號：10AYY005）『三百年來北京話的歷史演變和現狀研究』、北京市社科重點項目（編號：12WYA002）『北京話的歷史與現狀研究』的學術成果，受到多方關注，同時得到了國家出版基金資助，及北京市教委科研基地建設項目、首都師範大學文化研究院的支持。該項目以對明、清、民國時期珍稀老北京話歷史文獻的整理與研究爲主要目的，并將之集結成册。本套叢書的編輯出版以『調查、整理、傳承、研究』爲基本方針，分小説、音韵、歌謡三大部分。編纂工作繁難復雜，兹將有關事宜略述如次：

一、小説部分。以明、清、民國時期京味兒小説爲主，涵蓋損公、徐劍膽、冷佛、文康等人的代表作品，主要介紹當時北京社會生活狀態、風俗文化、人情世故，同時保留了當時的北京話，反映了北京話的歷史變化。

二、音韵部分。包括記録明、清、民國時期北京語音的《音韵逢源》《京音字彙》和《南北方音》等韵書、字典。

三、歌謡部分。包括《一歲賀聲》《孺子歌圖》和《一八九六歌謡》等歌謡、吆喝。

四、每種圖書均由今人撰寫導讀一篇，主要簡述原作者生平、成書過程，該書思想内容、語言特色、學術價值、版本源流等，采用繁體竪排形式，置於該圖書之前，一并出版。爲方便閲讀，導讀中所引原書部分均進行標點。

五、本套書全部據原書影印出版。有些資料因年代久遠，珍貴難尋，或有個别頁碼缺失、字迹脱落現象，實難求全，謹以歷史文獻原貌呈現。

六、在部分圖書中，後来學者直接在書上作了校勘或標注，影印出版時亦予保留，以存原貌。

七、爲方便閱讀，保留了原書的扉頁、版權頁等。又每册之首均新編了目録，以便檢閱。

八、因當時印刷技術所限或人爲抄寫等原因，原書中會出現錯、脱、衍、乙字等情况，請注意辨别。

《明、清、民國時期珍稀老北京話歷史文獻整理與研究》文獻卷帙浩繁，時間倉促，難免出現缺失疏漏，誠望社會各界批評指正。

二〇一四年六月

編　者

# 目録

# 兒女英雄傳評話第三十八回

小學士儼爲天下師　老封翁驀遇窮途客

上回書從安公子及第榮歸一直交代到他回房就寢一宿無話按小說的文法一宿無話之下一定得接次日清晨却說次日清晨他夫妻三個還不曾出臥房那長姐兒早打扮得花枝招展過來叩謝二位奶奶昨晚賞得吃食他進門不曾站住脚便匆匆的到了東裡間兒見花鈴兒柳條兒纔在南牀上放梳粧匣兒他便問二位奶奶都沒起來呢麽兩個丫鬟這個合他點點頭兒那個却又合他搖搖手兒他正不解便聽何小姐在屋裡咳嗽了聲來

個八兒啊花鈴兒答應一聲忙去打起卧房簾子來只見何小姐穿着件湖色短綢衫兒一手扣着胸坎兒上的鈕子一手理着鬢角兒兩個眼皮兒還睡得楞楞兒的從卧房裡出來見了他便低聲兒合他笑道敢則你都打扮得這麼光梳頭淨洗臉兒的了我們今兒可起晚了他見大奶奶低言悄語的説話便知爺還不曾睡醒一面謝奶奶昨日賞的吃食一面也悄説道奶奶别忙早呢老爺太太都没起來呢太太昨兒晚上就説了説爺合二位奶奶家裡外頭都累了這麼一程子昨兒又整整的忙了一天太太還説自己也乏了今兒要晚着些兒起來爲的是省了

爺奶奶趕礙的慌吩咐奴才叫辰初二再請何小姐一面漱口便叫人搬了張小杌子來叫他坐下他且不坐下只在那裡幫着花鈴兒放漱口水揭刷牙擦盒兒遞手紙恰好華嬤嬤從外頭托進一蒲包兒玫瑰花兒來他見了從摘花盤兒裡拿起花簪兒來就蹲在炕沿兒跟前給大奶奶穿花兒何小姐又叫柳條兒說把你奶奶的烟袋拿一根來給你姑姑裝袋烟他忙道你等等兒讓我先過去見見奶奶去說着站起就往那屋裡跑何小姐忙道你回來罷他一會兒橫豎也到這兒梳頭來你在這兒等着兒罷他一聽料是大爺在那屋裡歇便不好過去一時柳條

兒裝了烟來他弄好了花兒便坐在那小杌子兒上啐着烟灰兒說起昨日老爺太太怎麼喜歡又說這都是爺奶奶的孝心奴才們的造化何小姐一面逼着頭也合他一答一合的談他談着看了看鐘便合柳條兒說你也該請起奶奶來梳頭了纔說着便聽得張姑娘低聲兒叫人他聽了聽那聲音好像也在這邊臥房裡正待要問果見柳條兒走到那個曲尺槅子跟前隔着簾兒說奶奶叫奴才呀只聽張姑娘問道我這副腿帶兒怎麼兩根兩樣兒呀你昨兒晚上困的糊裡糊塗的是怎麼給拉岔了柳條兒道昨兒晚上是奶奶自已歸着的奴才沒動啊怎麼會拉

說了呢不然奴才另拿出一副來奶奶先換上罷張姑娘還没及答應何小姐這裡聽了自巳伸出小腳兒來看了一眼不禁笑道柳條兒呀叫你們奶奶先那麽將就着些上回來再說罷我腳上這副也是兩樣兒呀便聽張姑娘在屋裡噗的笑了一聲不大的工夫揉着雙眼睛也從這邊卧房裡出來見了長姐兒說道啊敢是你在這兒呢嗎得是你你瞧纔說得你瞧瞧兩個字他早明白了一面又謝這位大奶奶昨晚的賞吃食一面說道本來呀二位奶奶一天到晚這是多少事上頭應酬着幾位老家兒又得照羅爺那兒還能照應到這些零碎事兒呢二位大奶奶不

覺被他恭惟的大樂何小姐一時通完了頭轉過身來要洗臉他忙着又上去替挽袖子恰一眼看見大奶奶的汗塌兒袖子上頭蹭了塊胭脂便笑問道喲奶奶這袖子上怎麼了囘來換一件罷不然看印在大衣裳上何小姐低頭看了看說可不是這又是我們花鈴兒幹的我也不懂疊衣裳總愛刁在嘴裡嗑怎麼會不弄一袖子胭脂呢瞧瞧我昨兒早起纔換上的這是甚麼工夫給弄上的花鈴兒只不敢言語張姑娘道姐姐別竟說他一個兒我們柳條兒也是這麼個毛病兒不信瞧我這袖子也給弄了那麼一塊說着撒着雙汗塌兒袖子翻來覆去找了半天只

我不着自已叽了一聲又瞧了瞧那袖子上沿的緣子不禁笑着問何小姐說姐姐你老人家別是把我那件抓了去穿上了罷何小姐道這都是新樣兒的你穿得好好兒的衣裳我怎麼會抓了來穿上呢說着又拉着自已穿的那件看了看可不是人家那件嗎不由得也哏的一聲道我說只覺着這領子怪掐的慌的呢眞個的今兒也不知是怎麼了鬧的這麼亂糟糟的說完兩個人只對瞅着笑長姐兒聽了這話就排揎起花鈴兒柳條兒來了說你們倆瞧說罷你們又該着抱怨姑姑的嘴碎了大凡主兒貼身兒的東西全靠偺們當了頭的經心要都像你們倆這

麼當差使不用說了明兒個各人把各人的主子認得了還不知道呢一陣數落數落得倆儍了頭只擱着個嘴正說着公子也攢着一腦們子的困靸着雙鞋兒從臥房裡出來看見長姐兒在這裡笑道噯這麼早就有客來了長姐兒見大爺出來連忙站起來把煙袋順在身旁只規規矩矩的說了句爺起來了此外再沒別的散碎話還帶着低着雙眼皮兒把個臉兒繃得連些裂紋兒也沒有這個當兒張姑娘又讓他說你只管坐下偺們說話兒不則他便說道請二位奶奶梳頭罷鐘也待好打辰初了奴才得[illegible]說着把手裡的烟袋遞給柳條兒還說你可給[illegible]

奶吹乾淨得再收說能這纔甩着雙寬袖口兒咯噔着兩隻小底托兒得意洋洋的去了列公看了長姐兒這節事纔知聖人教人無微不只聖人曾有兩句話說道是有不虞之譽有求全之毁長姐兒此來雖不知他心裡為着何來只就面子上看昨晚二位奶奶衹不過分惠些吃食今日便雞鳴而起親到寢門來謝君子亦曰知禮不想他一片求全好意忽然被個燕北閑人悞打悞撞的捉住借此就幹旋了他那一宿無話四個字有餘不盡的文章倒顯得長姐兒此來來的似乎覺道未免有些不大那個做甚不就叫作不虞之譽求全之毁然則毁譽之來毫無定評

却叫人從那裡自愛起斯其故惟聖人知之故誡人曰吉凶悔吝生乎動書中按下閒話再講正文却說安公子自點了翰林丟下書本兒出了書房只這等撒和了一向早有他那班世誼同年見他翩翩丰度藹然可親都願意合他親近住了今日這家請讌會便是明日那個請閒遊把個公子應酬得沒些空閑他看了看所謂外間這車馬衣服亭臺宴飲的繁盛其風味也不過如此便想到自己眼下雖然交過這個讀書排場說不得士不通經不能致用但是通經而不通史也不過作一個朝廷不甚愛惜之官便是通經通史博古而不知今究竟也於時無補要只這

等合他要進了去將來自已到了吃緊關頭難道就靠
兩副單條對聯作幾句文章詩賦便好去應世不成想到
這裡自已便把家藏的那些廿二史古名臣奏疏以至本
朝開國方略大清會典律例統纂三禮纂通甚至漕運治
河諸書凡是眼睛裡向來不曾經過的東西都搬出來放
在手下當作閒書隨時流覽倘然遇着個未曾經歷無從
索解的去處他家又現供養着安老爺那等一位不要修
饌的老先生可以請教更兼這位老先生天生又是無論
甚的疑難每問必知擴知而答無答不既詳且盡并且樂
此不疲因此他父子就把這樁事作了個樂敘天倫的日

行工夫倒也頗不寂寞公子從此胸襟見識日見擴充益發留心庶務這且不在話下一日他闔家正在無事閒談舅太太張太太也在坐只見家人晉升拿着一封信合一個手版進來回說鄧九太爺從山東特專人來給老爺太太賀喜說還有點土物兒後頭走着呢來人先來請安投信說着便把那信合手版遞給公子送上去老爺一看只見手版上寫着武生陸葆安便說道他家幾個人我却都見過只不記得他們的名姓這是那一個怎的又是個武生呢公子道這個就是九公那個大徒弟綽號叫作大鐵鎚的老爺一時也想起來說莫不是我們在青雲堡住着

九公把他找來演鎚給我們看看他一鎚打碎了一塊大石頭的那人公子道正是老爺道這人倒也好個身材相貌公子道聽講究起來這人的本領大的狠呢除了也那把大鎚之外躥山入水無所不能遇着件事並且還着實有點把握還不止專靠血氣之勇老爺點了點頭道這個當兒公子已經把那封信的外皮兒拆開老爺接過來細看了看那籤子上寫的水心公祖老弟大人台啟一行字就大奇這封信竟是老頭一親筆寫的虧他怎的會有這個耐煩兒因拆開信看只見裡面寫道是

愚兄鄧振彪頓首拜上

老弟大人安好并問
弟婦大人安好 大賢姪好 二位姑奶奶好 舅
太太合張親家二位都替問好敬啟者彼此至
好套言不敘恭爲維
老弟大人貴體納福
闔府吉祥如意是荷 愚兄 得見金榜題名錄知
大賢姪高點探花獨占鰲頭可喜可賀 愚兄 不
勝可喜此乃
天從人愿寶係洞房花燭夜金榜掛名時眞乃可喜可
賀之至 愚兄 本當親身造

府賀喜因但有小事難以分身望其
原諒今特遣小徒陸葆安進京代賀一切不盡之
言一問可知再帶去些微土物千里送鵝毛
笑納可也小婿小女二姑娘都給闔府請安外有
他等給
二妹子并衆位稍去的東西都有清單可憑再問二
妹子要大內的上好胎產金丹九合香求見
賜不拘多少都要真的千萬千萬務必務必都交
小徒 帶回順請
安好不一

愚兄鄧振彪再拜吉日冲

再二位姑奶奶可會有喜信兒否念念 又筆

後頭還打着虎臣兩個字的圖書合他那名鎮江湖的本頭戳子安老爺見那封信通共不到三篇兒八行書前後錯落添改倒有十來處依然還是白字連篇只點頭嘆賞公子在一旁看了却忍不住要笑老爺道你不可笑他你只想他那個脾氣性格兒竟能低下頭捺着心寫這許多字這是甚麼樣的至誠說着又看禮單見開頭第一筆寫着是鶴鹿同春老爺就不明白說甚麼是鶴鹿同春啊又往下看去見是孔陵蓍草尼山石硯聖蹟圖萊石文玩叢

山茶曹州牡丹根子共餅便是山東繭綢大布風[illegible][illegible]羔
掛麪耿餅焦棗兒巴魚子鹽磚看光景他大約是照許搭
紳把山東的土產揀用得着的亂七八糟都給帶了來了
却又分不出甚麼是給誰的老爺因命公子把那封信念
給太太聽公子將念完止剩得從面單寫的那行不曾念
這個當兒金玉姊妹也急於要看看那封信公子見他兩
個要看便把信遞給他兩個說九公惦着你們兩個的很
呢快看去罷何小姐自來快人快性伸手就先接過去公
子說你先瞧這篇兒他一瞧見是問他兩個有喜信兒沒
有一時好不得勁兒虧他積伶一轉手便遞給張姑娘張

妹妹你瞧這是倆甚麼字說着遞過去回身就走張姑娘不知是計接過去纔瞧得一眼便扔在桌子上說瞧這姐姐也躲了合何小姐湊在一處倆人却只羞得緋紅了臉低頭而笑安太太看了不解忙拿起那信來看了看說這也値得這麼個樣兒因把鄧九公問他兩個有無喜信的話告訴了舅太太張太太又合他姊妹說道這可眞叫人問得怪臊的也有倆人過來這麼二三年了還不給我抱個孫子的瞧瞧人家尋胎産金丹來想必是褚大姑娘有了喜信兒了舅太太也說眞個的呢一句話不曾說完張太太[illegible]議論[illegible]說親家那何說不的呀這是有個神靈

杏禍兒不在的事兒誰有拿手咭好端端的話被這位太太一下注解他姊妹聽着益發不好意思說話問安老爺便要了帽子出去見那個陸葆安一時進來只見他頂帽官靴也穿着件短襟紗袍兒石青馬褂兒雖說是個武生舉動頗不粗鄙外省的禮兒沒別的見面就只磕頭那陸葆安見了安老爺就拜下去安老爺不好還禮只以揖相答便讓他上坐他那裡肯說武生的師傅囑咐說武生到了老太爺這裡就同自巳兒女一樣不敢坐安老爺此時是滿肚子的蘧伯玉使人於孔子孔子與之坐而問焉讓再讓三他纔在一旁坐下安老爺先問了問鄧九公的身

子眷口陸葆安答說他老人家精神是益發好了打發武生來一來給老太爺少老爺道喜請安二來叫武生認認門兒說趕到他老人家慶九十的時候還叫武生來請來呢還說他老如今不到南省去了輕易得不着好陳酒求老太爺這裡找幾罈交給回空的糧船帶去不是也就叫武生買幾罈帶去了說那東西的好歹外人摸不着安老爺連說這事容易因又問起褚一官并褚大娘子可有個得子的信息陸葆安回說這倒不知正說着那拉東西的車輛以至挑的抬的都來了衆家人帶着更夫一盞一盞往裡搬運安老爺纔知那禮單上的鶴鹿同春是他專爲

賀壽特給找來的東海邊一對仙鶴泰山上一對梅花小鹿兒都用木籠抬了來一詩張老也過來招呼便同了那陸保安到程師爺那邊去坐安老爺這裡一面吩咐給他備飯款留便進來看鄧九公那分禮進得二門見公子正隨着太太同許多內眷們圍着看那對鶴鹿老爺於這些東西上雖雅馴如鶴鹿也不甚在意忙忙的進了屋子只檢出那册聖蹟圖來正襟危坐的看一時內眷們也進屋裡來一旁看着問長問短老爺便從麟現闕里起一直講到西狩獲麟會把聖人七十三年的年譜講得來不曾漏得一件事跡差得一個年月舅太太聽完了說道我照我

們這位姑老爺呀眞算得甚麼事兒都懂得可惜就只不懂得甚麼叫鶴鹿同春當下大家說笑一陣安太太便把其餘的東西該歸着的歸着該分散的分散公子也去周旋了周旋那個陸秀才那陸秀才當日住下次日便告辭去料理他的勾當約定過日再來領同信安老爺川小便給鄧九公寫了回信太太也張羅打點給鄧家諸人的回禮以至鄧九公要的東西臨期都交那陸葆安帶回山東而去不提却說安公子這個翰林院編修雖說是個閒曹每月館課以至私事應酬也得進城幾次那時又正遇烏克齋放了掌院有心答報師門提拔門生便派了他個撰

文的差使因此公子又加了些公忙緊接着又有了大考的旨意這大考是京城有口號的叫作金頂朝珠掛紫貂學仙終日任逍遥忽傳大考魂皆落告退神仙也不饒安公子已是一甲三名授過職的例應預考便早晚用起功來誰在不曾考試之前恰巧出了個講官缺掌院堂官又擬定了他題下本來便放了講官雖說一樣的七品官兒却例得自己專摺謝恩謝恩這日便蒙召見臨上去烏克齋又指點了他許多儀節奏對及至叫上起兒去聖入見他品格凝重氣度春容一時想起他是從前十本裏第八名特恩拔起來點的探花問了問他的家世學業又見他

奏對稱旨天顏大悅從此安公子便簡在帝心及至大考他又考列一等即日連陞五級用了翰林院侍講學士不久便放了國子監祭酒這國子監祭酒雖說也不過是個四品經堂卻是個侍至聖香案爲天下師尊的腳色你道安公子纔幾日的新進士讓他怎的個品學兼優也不應快到如此這不真個是官場如戲了麼豈不聞俗語云一命二運三風水果然命運風水一時湊合到一處便是個披甲出身的往往也會會不數年出將入相何況安公子又是個正途出身他還多着兩層四積陰功五讀書呢話休絮煩卻說那時恰遇覃恩大典舉行恩科會試傳臚之

後新科狀元帶了一榜新進士到國子監行釋褐禮恰好正是安公子作國子監祭酒這釋褐禮自來要算個朝廷莫大的盛典讀書人難遇的機緣規矩這日狀元榜眼探花率領二三甲進士到大成殿拜過了至聖先師便到明倫堂參拜祭酒那明倫堂預先要用桌子搭起個高台來台上正中安了祭酒的公座狀元率領衆人行禮的時候先請祭酒上台升座然後恭肅屏拜從來禮無不答除了君父之外便是長者先生也必有兩句慰勞獨到了狀元拜祭酒那祭酒却是要肅然無聲安然不動的受那四拜你道爲何相傳以爲但是祭酒存些謙和一開口一抬手

便於狀元不利因此這日行禮的時候安公子便照這儀注朝衣朝冠升到那個高台正中交椅上端然危坐的受了一榜新進士四拜便收了一個狀元門生偏偏那科的狀元又龍頭屬老成點的是個年近五旬的蒼髯老者安公子纔得二十歲上下的一個美少年巍然高坐受這班新貴的禮大家看了好不替他得意一時釋褐禮成安公子公事已畢算了算已經在城裡就擱了好幾日了看那天氣尚早便由衙門逕回莊園要把這場盛事稟慰父母一番一路走着想到這典禮之隆聖恩之重人生在世讀書一場得有今日庶乎無媿想着想着忽然從無媿兩個

字上想到父母俱存不愧不怍得天下英才而教育之的君子有三樂麽不由得一個人兒坐在車裡欣羨[illegible]自言自語道且住記得那年我們蕭史桐卿兩位恭人因我說了句吃酒是天下第一樂就招了他倆個許多俏皮話兒叫我寫個四樂堂的匾掛上這話其實尖酸可惡我一向雖說幸而成名上慰二老只是不曾得過個[illegible][illegible][illegible][illegible]却說不得得天下英才而教育之到了今日之下經說我道座國子監衙門管着天下十七省龍蛇混雜的監生[illegible]不到英才的數兒裡罷難道我收了這個狀元門生合一榜的新進士還算不得得天下英才而叫育之占全了君

子有三樂不成少停回家便把這話作樂他兩個一番問問他兩個如今可好讓我吃盃酒掛那個四樂堂的匾倒也是一段佳話一路盤算早到家門進門見過父母安老爺第一句便道好了居然爲天下師了公子此時也十分得意侍談了一刻便過東院來一進院門早見他姊妹兩個從屋裡迎出來說恭喜收了狀元門生回來了公子道便是我正有句話要請教他姐妹也道且慢我兩個先有件事要奉求公子道我忙了這幾日纔得到家你兩個又有甚麼差遣他兩個道且到屋裡再說公子進得屋子只見把他常用的一個大硯海一個大筆筒都搬出來研得

墨濃洗得筆淨放在當地一張桌兒上桌兒上又鋪着一
幅絹牋兩邊用鎮紙壓着當中却又放着一大盃酒公子
一時不解問道這是甚麼儀注他姊妹兩個笑吟吟的一
齊說道奉求大筆見賜四樂堂三個大字公子斷沒想到
從城裡頭鬧了這麼個好燈虎兒來一進門就叫人家給
揭了不禁樂得仰天大笑說你兩個怎的這等可惡因又
點頭道這正叫作惟識性者可以同居張姑娘道真個的
換了衣裳爲甚麼不趁着墨寫起來呢公子道這却使不
得且無論天道忌滿人事忌全不可如此放縱便是一時
高興寫了掛上儻然被老人家看見問我何謂四樂你叫

我怎麼回答快收拾起來罷他姊妹二人也就一笑而罷不想只他家這陣閙房游戲又便宜了燕北閒人歸結了他四樂堂那筆前文這話且按下不表却說安老爺見兒子厠名清華置身通顯書香是接下去了門庭是撐起來了家中無可顧慮自已又極清閒算了算鄧九公的九旬大慶將近因前年曾經許過他臨期親去奉祝此時不肯失這個信便打算借此作個遠遊訪訪一路的名勝到他那裡并要多盤桓幾日疎散疎散商量定了先在本旗告了個山東就醫的假約在三月上旬起身太太便帶同兩個媳婦忙着收拾行裝又給老爺打點出些給鄧九公作

壽屏壽幛幷如意繡疋皮張玩器活計等件預備請老爺看過了好裝箱子老爺一看便說君子周急不繼富這些東西九公要他何用我送他的壽禮只用兩色早已辦得停停當當了一色是他向我要的壽酒我已經叫人到天津酒行裡找了一百二十罈上好的陳紹興酒便算綴他的花甲重週已經從運河水路運了去了那一色是我送他的壽文便是我許他的那篇生傳只這兩色壽禮他足可以醉消愁千秋不死何須再備壽禮太太一聽這話知道是又左下去了不好搬駁只得說老爺見得自然是但是也得配上點兒不要緊的東西纔成這麼個俗禮兒呀

便不合老爺再去瑣碎自己就作主意配定了又敷餘帶上了幾百銀子防着老爺路上要使隨叫進家人們來裝箱子捆行李一切停當老爺又托了張親家老爺程師爺在家照料并請上小程相公途中相伴家人們只帶了梁材葉通華忠劉住兒小小子蔴花兒幾個人并兩個打襍兒的厨子剃頭的去又吩附帶上那個烏雲蓋雪的驢兒作了代步此外應用的車輛牲口自有公子帶同家人們分撥老爺一槩沒管到了起身這日止不過囑咐了公子幾句話便逍遥自在帶了一行人上路這一上路老爺是身有餘閒家無多慮空拉着輛極舒服的咕咚咚太平車

兒不坐只騎着那頭驢兒遇處名勝也要下來瞻仰見個古蹟也要跕住考訂一日走不了半站但有個住處便隨遇而安只這等磨去離家三四天纔磨到良鄉華忠有些急了晚間趁空兒回老爺說回老爺這走長道兒可得趁天氣呀要不請示老爺明日趕一個整站罷老爺也以爲無可無不可次日便起了個早約莫辰牌時分早來到涿州關外打早尖那說這座涿州城正是各省出京進京必由的大路有名叫作日邊衝要無雙地天下煩難第一州安老爺到得關廂坐在車裡一看只見那條街上不但南來北往的車馱絡繹不絕便是本地那些居民也男男女

女老老少少的都穿梭一般擁擠不動正在看着一行車馬早進了一座客店衆家人服侍老爺下了車進店房坐下大家便忙着鋪馬褥子解氊包拿銅鏇子預備老爺擦臉喝茶那個跑堂兒的見這光景是個官派便不敢進屋子只提了壺開水在門外候着老爺這纔出來是閑情適致正要問問沿途的景物因叫跑堂兒的說你只管進來便問他道你這裡今日怎的這等熱鬧跑堂兒的見問答說州城裡鼓樓西有座天齊廟今兒十五是開廟的日子差不多兒都要去燒炷香都是行好的老爺老爺聽得燒香拜佛這些事便丟開不往下談又問他說此地可還有

甚麼名勝安老爺說話只管是這等字斟句酌再不想一個跑堂兒的他可曉得甚麼叫作名勝只見他聽了這話忙接口道我的老爺好話咧大嚇人不喇的一個天齊爺也有沒靈聖兒的回來你老打了尖就打那廟頭裡過白瞧瞧那燒香的人有多少那廟裡頭中間兒是大高的五間天齊殿接着寢宮兩邊兒是財神殿娘娘殿後閣兒是文昌閣過廟七十二司到了那個地方兒吃喝穿帶甚麼都買不短廟後頭擺着十錦雜耍兒前兒還到了個瞧希希罕兒的為甚麼今兒逛廟的人更多了呢老爺正嫌他所答非所問程相公那裡就打聽說甚麼叫作希希哈兒

跑堂兒的道這可真說得起活老了的都沒見過的一個
希希罕兒是磣大的一對大鳳凰老爺聽了不禁納罕忽
然又低下頭去默默如有所思早聽程相公笑嘻嘻的說
道老伯不麼我們今日就在此地歇下也去望望鳳凰罷
華忠這㱔老頭子是好容易盼得老爺今日要走個整站
此時師爺忽然又要看鳳凰便說師爺信他們那些謠言
那兒那麼件事呢不想程相公這話正合了安老爺的意
思你道爲何原來這位老先生自從方纔聽得跑堂兒的
說了句此地有鳳凰便想到這種靈鳥自從軒轅氏在位
鳳巢阿閣之後止於舜時來儀文王時鳴於岐山漢以後

雖亦偶然有之就大半是影响附會到了我大淸從前麼雲現黃河淸端麰兩歧靈芝三秀這些嘉祥算都見過甚至麒麟也不過了就只不曾見過鳳凰如今鳳凰竟見在直隸地方這豈不是聖朝一樁非常盛事況且孔夫子嘗不免有個鳳鳥不至吾已矣夫之嘆如今我們生在聖朝躬逢盛事豈可當面錯過心裡正要去看看只是不好出口正在躊躇忽聽程相公要去華忠却又從旁攛掇這程師爺也是終年關在書房裡我又左右閑在此今日竟依他住下我也陪他走走程相公聽了這話大樂連那個蔴花兒聽見逛廟也樂的跳跳鑽鑽只有華忠口裡不

言心裡暗想說我瞧今兒個這蠢八成兒要作寃當下上下一行人吃完了飯老爺留梁材等兩個在店裡自已便同了程相公帶了華忠劉住兒合小小子蘇花兒又帶上了一個打雜兒的背着馬褥子背壺盥包還吩咐帶了兩吊零錢慢慢的出了店門步進州城往天齊廟而來於路無話不一時早望見那座廟門原來安老爺雖是生長京城活了五十來歲凡是京城的東嶽廟城隍廟曹公觀白雲觀以至隆福寺護國寺這些地方從沒逛過此刻纔到這座廟門外見那些買吃食的吆吆喝喝沿街又橫三豎四擺着許多笤箒簸箕氊子毛扇兒等類的攤子擔子那

進廟的人是沒男沒女出入不斷亂擠老爺見一個讓一個只覺自已擠不上去華忠道奴才頭裡走着罷說着出了山門那山門裡便有些買通草花兒的香草兒的磁器家伙的耍貨兒的以至賣酸梅湯的豆汁兒的酸辣京粉兒的羊肉熱麵的處處攤子上都有些人在那裡圍着吃喝程相公此時是兩隻眼睛不夠使的正在東瞧西望又聽得那邊吆喝吃酪罷好乾酪哇程相公便問甚麼了叫個務安老爺道叫人端一盌你嚐嚐說着便同他到鐵棚跟前台堦兒上坐下一時端來他看了雪白的一盌東西上面還點着個紅點兒便覺可愛接過來就嚥道哦喲冰

生冷的只怕要拿點開水來冲冲吃罷安老爺說不妨吃下去並不冷他又拿那銅匙子舀了點兒放在嘴裡纔放進去就嚷說阿原來是牛奶便呲牙裂嘴的吐在地下安老爺道不能吃倒別勉强隨把盌酪給蘇花兒吃了大家就一路來到天王殿一進去安老爺看見那神像脚下各各造着兩個精怪便覺得不然說何必神道設教到如此程相公道老伯怎的倒不曉得這個這就是風調雨順四大天王老爺因問何以見得是風調雨順程相公道哪那手拿一把鋼鋒寶劍的正是個風那個抱着面琵琶琵琶是要調和了絃纔好彈的可不是個調那拿雨傘的便是

但安老爺是滿腹學問向來一知半解無不虛心聽受如此說不等他說完便連連點頭說講的有些道理因又問那個順天王又作如何講法呢程相公見問翻着眼睛想了半日說正是他手裡只拿了一條滿長的大蛇倒不曉得他怎的叫個順天王劉住兒說那不是長蟲入家都說那是個花老虎老爺說亂道因捻着鬍子笑了會子道着哦據我看來這椿東西不但非花老虎亦非蛇也只怕就是雉入大水爲蜃的那個蜃纔暗合這個順天王的蜃字程相公道老伯又來了我們南邊那個蜃字讀作上聲順字讀作去聲怎合得到一處呢老爺道噯呀世兄你既

曉得這字讀上聲難道倒不曉得這個字是十一軫十二吻兩韻雙收同義的麼老爺只顧合世兄這一陣考據風調雨順家人們只好跟在後頭站住再加上閃了一大門子瞧熱鬧兒的把個天王殿夾道門兒的要路口兒給堵住了只聽得後面一個人嚷道走着往拉走着往拉要講究這個自己家園兒裡找個學房講去這廟裡是個大家削馬兒大家騎的地方兒讓大夥兒熱鬧熱鬧眼睛別招合惹老爺連忙就走程相公還在那裡打聽說甚麼料作熱鬧眼睛華忠拉了他一把說走罷我的大叔說着出了天王殿的後門兒便望見那座正殿只見正中一條甬路

直接到正殿的月台跟前甬路兩旁便是賣估衣的零剪裁料兒的包銀首飾的燒料貨的台堦兒上也擺着些碎貨攤子安老爺無心細看順着那條甬路上了月台只見殿前放着個大鐵香爐又砌着個大香池子殿門上却攔着栅欄不許人進去那些燒香的只在當院子裡點着香舉着儘頭磕完了頭便把那香撂在池子裡却把那包香的字紙扔得滿地大家踹來踹去只不在意老爺一見登時老大的不安嚷道阿阿這班人這等作踐先聖遺文却又來燒甚麼香說着便叫華忠說你們快把這些字紙替他們揀起來送到爐裡焚化了華忠一聽心裡說道好我

們爺兒們今兒也不知是逛廟來了也不知是揀躳來了但是主人吩咐沒法兒只得大家胡擄起來送到爐裡去焚化老爺還恐怕大家揀得不淨自巳又拉了程相公帶了小小子蔴花兒也毛着腰一張張的揀個不了又望着那些燒香的說道你衆位剩下這字紙來就隨手撂在爐裡焚了也好衆人也有聽信這話的也有佯佯不理倒笑他是個書獃子的那知他這書獃子這陣獃倒正是塲勝念千聲佛强燒萬炷香的功德却說安老爺揀完了字紙自巳也累了一腦門子汗正在掏出小手巾兒來擦着程相公又叫道老伯我們到底要望望黃老爺然老爺詫異

道那位黃老爺華忠道師爺說的就是天齊爺安老爺道東嶽大帝是位發育萬物的震旦尊神你却怎的忽然弄他是黃老爺這話又何所本程相公道這也是那部封神演義上的老爺愣了一愣說然則你方纔講的那風調雨順也是封神演義上的考据下來的倒累我推敲了半日這却怎講說着不到正殿便趕同來站在甬路上望了望那兩廂的財神殿娘娘殿只見這殿裡打金錢眼的又有捨了一弔香錢抱個紙元寶去說是借財氣的那殿裡拴娃娃的又有送了一窩泥兒㚻的猪狗來說是還願心的沒男沒女挨肩擦背擁擠在一處老爺看了便說我們似

乎不必同這班人亂擠去了罷怎禁得那位程相公此時不但要逛逛財神殿娘娘殿并且還要看看七十二司只望着老爺一個勁兒笑嘻嘻的唏嚠老爺看這光景便叫華忠說你同師爺走走去我竟不能奉陪了讓我在這裡靜一靜兒罷因指着蔴花兒道把他也帶了去華忠聽了把馬褥子給老爺鋪在樹陰涼兒裡一座石碑後頭又叫劉住兒拿上盌包背壺到那邊茶湯壺上倒盌茶來老爺說不必你們把這些零碎東西索興都交給我你們去你們的大家見老爺如此吩咐只得都去這裡剩了老爺一個人兒悶坐無聊忽然想起何不轉到碑前頭讀讀這統

碑文也考訂考訂這座廟究竟建自何朝何代想到這裡
便站起來倒背着手兒踱過去揚着臉兒去看那碑文纔
看了一行只聽得身背後猛可裡嚼的一聲只聽一個人
往脊梁上一撲緊接着就雙手摟住脖子叫了聲噯喲我
的乖喲老爺冷不防這一下子險些兒不曾衝個觔斗[illegible]
下吃一大驚暗想我自來不會合人頑笑也從沒人合我
頑笑這卻是誰纔待要問幸而那人一抱就鬆開了老爺
連忙回過身來不想那人一個躲不及一倒腳又正站在
老爺腳上那個蹤指兒的雞眼上老爺疼的握於腳[illegible][illegible]
了一聲疼過那陣定神一看原來正是方纔在娘娘殿[illegible]

娃娃的那班婦女只見爲頭的是個四十來歲的矮胖女人穿着件短布衫兒拖着雙薄片兒鞋老爺轉過身來總合他對了面兒便覺那陣酒蒜味兒往鼻子裡直灌不算外還夾雜着熱撲撲的一股子狐臭氣又看了看他後頭還跟着一羣年輕婦人一個個粉面油頭妖聲浪氣且不必論他的模樣兒只看那派打扮兒就沒有一個安靜的安老爺如何見過這個陣仗譏登時嚇得呆了只說了句這這這是怎麼裡那個胖女人那也覺得有些臉上下不來只聽他口兒嘈嘈道那兒呀纔剛不是我們大夥兒打娘娘殿裡出來嗎瞧見你一個人兒仰着個頦兒儘着瞅

着那渾上頭我只打量那上頭有個甚麽希希罕兒呢也仰着個頦兒一頭兒往上瞧一頭兒往前走誰知脚底下横不楞子爬着條眞狗叫我一脚就造了他爪子上了要不虧我躲的溜掃一把抓住你不是叫他撒我一乖乖准是我自已鬧個嘴吃屎你還說呢老爺此時肚子裡就讓有天大的道理海樣的學問嘴裡要想講一個字兒也不能了只氣得渾身亂顫猷着雙眼待要發作一場忽見旁邊兒又過來了個年輕的小媳婦子穿一件軃肩兒背鑲大如意頭兒水紅子裡西湖色濮院紬的半大夾襖兒下面不穿裙兒露半截子三鑲對襟靑縐綢散褲褪兒褲子脚

下一雙遊橋高底兒大紅緞子小鞋兒右手擎着根大長的烟袋手腕子底下溜搭拉着一條桃紅綢花兒手巾都斜尖兒拴在鈕子上左手是鬧轟轟的一大把子通草花兒花蝴蝶兒都插在一根麻稭棍兒上舉着梳着大鬆的鬅頭清水臉兒嘴上點一點兒棉花胭脂不必開口兩條眉毛話動的就像要說話不必側耳兩隻眼睛積伶的就像會聽話不說話也罷一說話是鼻子裡先帶點齉音兒嗓子裡還略沾點兒膛調他兒那矮胖女人合安老爺嘈嘈湊到跟前把安老爺上下打量兩眼一把推開那個女人倒笑嘻嘻的望着安老爺說道老爺子你老別計較他

你喝兩盅子猫溺就是這麼着也有造了人家的都倒合人家挑揀的瞧瞧人家新新兒的靴子給踹了個泥腳印子這是怎麼說呢你老給我拿着這把子花兒等我給你老撣撣啵說着就把手裡的花兒往安老爺肩膀子上插老爺待要不接又怕給他掉在地下惹出事來心裡一陣忙亂就接過來了這個當兒他蹶身下去就拿他那條手巾給老爺撣靴子上的那塊泥只他往下這一蹲安老爺但覺得一股子異香異氣又像生廟香味兒又像松枝兒味兒一時也辨不出是香是臊是甜甘是哈喇那氣味一直灌到腦上來老爺待要往後退早被他一隻手搬住

脚後跟嘴裡𨁝斜叼着根長烟袋揚着臉兒說你倒底挑
起縣𨁝兒來瞧老爺此時只急得手尖兒冰凉心窩裡亂
跳𨁝不得話只說豈敢豈敢他道這又窮倒甚嗎兒賊大
爲兒都是出來取樂兒沒講究老爺好容易等他擺完了
那隻靴子鬆開手站起來自言是怨於要把手裡那把子
過草花兒交還他好走他且不接那花兒說道你老別忙
我求你老縣串兒說話一面神手拔下耳挖子從上頭摳
下個黃紙帖兒來口裡一面說道老爺子你老將纔不是
在月台上揀那字紙的時候兒瞧我這麼冷眼兒瞧着你
老八成兒是個識文斷字的我纔在老娘娘跟前求了一

籤是求小人兒們的說着又栖在安老爺耳朵底下悄悄兒的說道你老瞧我這倒有倆來的月没見了也摸不着是病啊是喜你老瞧瞧老娘娘這籤上怎麽說的給破說破說呢你看這位老爺他只抱定了人而無信不知其可也的兩句書直到這個場中還絕絕不肯撒個謊說我不識文我不斷字聽得那媳婦子請教他不由得這手舉着花兒那手就把個籤帖兒接過來可耐此時是意亂心忙眼光不定看了半日再也看不明白好容易纔找着了病立痊孕生男六個字忙說不是病一定要弄璋的那媳婦子又不懂這句文話兒說你老說叫我弄甚麽行子這纔

急出老爺的老實話來了說一定恭喜的他這纔喜歡連籤帖兒帶那把子花兒都接過去將接過去又把那籤帖兒遞過來說你老索興再用點兒心給瞧瞧倒底是個了頭是個小子安老爺眞眞被他鬧得沒法兒只得攘道准養小子那班婦女見老爺斷的這等准轟一聲都圍上來了有的拉着那媳婦子就道喜他也點着頭兒說喜呀這是老娘娘的慈悲也虧人家這位老大爺子倆得開呀說話問那班婦女就七手八脚各人找各人的籤帖兒都要求老破說老爺可眞頑兒不開了連說不必看了不必看了我曉得這廟裡娘娘的籤靈的狠呢凡是你們一起求

求籤的都要養小子的不想這班人裡頭夾襍着個靈官廟的姑子他身穿一件二藍洋縐僧衣腳登一雙三色挖鑲僧鞋頭戴一頂月白紗胎兒沿倭緞盤金線的僧帽兒太陽上還貼着兩貼青綾子膏藥他也正求了個籤帖兒拴在帽頂兒上聽安老爺道等說便道喂你悠着點兒老頭子我一個出家人不當家花拉的你叫我那兒養小子去呀那小媳婦子同大家都連忙攔說成師傅你別人家可怎麼知道咱們是一起兒來的呢那矮胖婦人便問那姑子嘈嘈道你能呀你們那廟裡那一年不請三五回姥姥哇怎麼說呢那姑子丟下安老爺趕去就要撾那矮胖

婦人的嘴說你要這麼給我灑我是撕你這張肥纔說到這裡又一個過去握住他的嘴說道當着人家識文斷字的人兒呢別搶葷的看人家笑話說着纔大家嘻嘻哈哈拉拉批扯奔了那座財神殿去了老爺受這場熱鬧心下裡也不讓那長姐兒給程師老爺點那袋烟的窩心這大約也要算小小的一個果報却說老爺見眾人散了趁這機會頭也不敢回趕身就走一溜烟走到將纔原坐的那個地方兒只見華忠早同程相公一羣人轉了個大灣兒回來了華忠一見老爺就問老爺把馬褥子交給誰了老爺一看纔知那馬褥子背壺盤包一切零零碎碎的東西

不知甚麼時候早已丟了個踪影全無想了想方纔自已
受的那一逼兒又一個字兒不好合華忠說愣了半天只
得說道我方纔將到碑頭裡看了看那碑文怎知道些東
西就會不見了呢華忠急了說這不是丟了嗎等奴才趕
下去老爺連忙攔住說這又甚麼要緊你曉得是甚麼人
拿去又那裡去找他華忠是一肚皮的沒好氣說道老爺
只管這麼恩寬奴才們這起子人跟出來是作甚麼的呢
會把老爺隨身的東西給丟了老爺道這話好糊塗你就
講虎兕出於柙龜玉毀於櫝中方纔也是我自已在這裏
着兒竟是誰之過與不必說了我們幹正經的看鳳凰去

罷說着大家就從那個西隨墻門兒過後殿來見那裡又有許多撬牙蟲的賣耗子藥的賣金剛大力丸的賣烟料的以至相面的占燈下數的起六壬課的又見一群女人蹲在一個賣雅片烟籤子的攤子上講價兒老爺此時是頭也不敢抬忙忙的一直往後走這纔把必應瞻禮的個文昌閣抹門兒過去了纔進了西邊那個角門子便見那空院子裡圈着個破藍布帳子裡面鑼鼓喧天帳子外頭一個人站在那裡嚷道撒官板兒一位瞧瞧這個鳳凰單展翅老爺聽了心中暗喜連忙進去原來却是趕子跑旱船的只見一個三十來歲漆黑的大汗子一嘴巴子的鬍

干渣兒也包了頭穿了彩衣歪在那個旱船上一手托了腮把那隻手兒撒手兒伸了個懶腰臉上還作出許多百媚千嬌的醜態來鬧了一陣又聽那個打鑼的應說看完了鳳凰單翅展這就該着請太爺們瞧飛蝴蝶兒了安老爺這纔明白原來這就叫作鳳凰單展翅連忙回身就走只說道無恥之恥無恥矣華忠嗐了一聲見那邊還有許多耍狗熊耍耗子的他看那光景禁不得再去撒究去了便一直引着老爺從文昌閣後身兒遶到東邊兒老爺一看就比那西邊兒安靜多了有的墻上掛了個燈虎兒壁子猜燈虎兒的有的三個一羣兩個一夥兒踢毽的只那

南邊兒靠着東墻圍着個帳子約莫裡頭是個書塲兒北邊却圍着個簇新的大藍布帳子那帳子門兒外頭也站着倆人儘都帶着纓帽兒聽他說話的口音倒像四川雲貴一路的人只聽他文謅謅的說道人品有個高低飛禽走獸也有個貴賤這對飛獸是不輕容易得見的請看看程相公聽見便說老伯這一定是鳳凰了老爺也點點頭搖搖擺擺的進去見那帳子裡頭還有一道網城網城裡果然有金碧輝煌的一對大鳥老爺還不曾開口劉住兒就說這不是咱們城裡頭逛廟的那對孔雀嗎那兒的鳳凰啊安老爺這纔後悔這盪廟逛的好不冤哉枉也他只

管這事後悔心裡的篤信好學始終還不信這就呌上了當了只疑心或者今日過逢其會鳳鳥不至也不可知因說我們回店去罷華忠說待請老爺略等一等兒這麽們當兒麻花兒又拉屎去了老爺正不耐煩便說這就是方纔那盌子吃的誰想恰恰好程相公也在那裡悄悄兒的問劉住兒說那裡好出大恭他也去了老爺聽說便道索性請師爺也方便了來罷我借此歇歇兒也好華忠滿院子裡看了一遍只找不出個坐兒來說不然請老爺到南邊兒那昔場兒的板橙上坐坐去罷老爺此時是不曾看得鳳凰興致索然一聲兒不言語只跟了他走及至走進那將

塲兒去纔見不是個說書的原來是個道士坐在緊靠東墻根兒面前放着張桌兒週圍擺着幾條板櫈那板櫈上坐着也沒多的幾個人另有個看塲兒的正拿着個升給他打錢那桌子上通共也不過打了有三二百零錢老爺看那道士時只見他穿一件藍布道袍戴一頂櫻道笠兒那時正是日色西照他把那笠兒戴得齊眉遮了太陽臉上却又照戲上小丑一般抹着個三花臉兒還帶着一圈兒狗蠅鬍子左胳膊上攬着個漁鼓手裡搯着副簡板却把右手拍着鼓只聽他扎嘣嘣扎嘣嘣亂嘣嘣打着在那裡等着攢錢忽見安老爺進來坐下他又把頭上那個道

望下遮了一遮便按住鼓板發科道

錦樣年花水樣過輪蹏風雨暗銷磨倉皇一枕黃粱夢都付人間春夢婆小子風塵奔走不道姓名只因作了半世懞懂癡人醒來一場繁華大夢思之無味說也可憐隨口編了幾句道情無非喚醒癡聾破除煩惱這也叫作只得如此無可奈何不免將來請敎諸公聊當一笑

他說完了這段科白又按着板眼拍那偶鼓安老爺向來於戲文彈詞一道本不留心到了和向道士兩門更不對路何况這道士又自己弄成那等一副嘴臉老爺看了早

有些不耐煩只管坐在那裡却掉轉頭來望着別處忽然聽他這四句開場詩竟不落故套就這段科白也竟不俗不由得又着了點兒文字癖便要留心聽聽他底下唱些甚麽只聽他唱道

　　鼓逢逢弟一聲莫爭喧仔細聽人生世上渾如夢春花秋月銷磨盡蒼狗白雲變態中遊絲萬仗飄無定論幾句盲詞瞎話當作他暮鼓晨鐘

安老爺聽了點點頭心裡暗說他這一段自然要算個總起的引子了因又聽他往下唱道

　　判官家說帝王征誅慘揖讓忙驟秦炎漢糊塗帳六

朝金粉空塵跡五代干戈小戲場李唐趙宋風吹浪
抵多少寺僧白雁都成了紙上文章
最難逃名利關擁銅山鐵券傳豐碑早兒磨刀慘獄
來叢以寃難雪擊碎珊瑚酒未寒千秋最苦英雄漢
早知道三分鼎足儘癡心六出祁山

安老爺聽了想道這兩段自然要算歷代帝王將相了底下要只這等一折折的排下去也就沒多的話說了便聽他按住鼓板提高了一調又唱道怎如他耕織圖安老爺纔聽得這句不覺讚道這一轉轉得大妙便靜靜兒的聽他唱下去道

恁如他耕織圖一張機一把鋤兩般便是擎天柱春
祈秋報香三炷飲蜡歙豳酒半壺兒童鬧擊迎年鼓
一家兒呵呵大笑都說道完了官租

儘逍遙漁伴樵靠青山傍水坳手竿肩擔明殘照網
來肥鱖播蓴羹砍得青松帶葉燒啣盃敢把王侯笑
醉來時狂歌一曲猛抬頭月小天高

牧童兒自在身走橫橋卧樹陰短簑斜笠相廝趁夕
陽鞭影垂陽外春雨笛聲紅杏林世間最好騎牛穩
日西矬歸家晚飯稻粥香撲鼻噴噴

正聽着程相公出了恭回來說老伯候了半日我們大大罷

老爺此時倒有點兒聽進去不肯走了點點頭又聽那道
士敲了陣鼓板唱道
羨高風隱逸流住深山怕出頭山中樂事般般有閒
招猿鶴成三友坐擁詩書傲五侯雲多不礙梅花瘦
渾不問眼前興廢再休提皮裡春秋
破愁城酒一盃覓當罏酤舊醅酒徒奪盡人間萃卦
中奇耦閒休問葉底枯榮任幾回傾囊拚作千場醉
不怕你天驚石破怎當他酣睡如雷
老陀頭好快哉鬢如霜貌似孩削光頭髮鬚眉在[illegible]
提了悟原非樹明鏡空懸那是臺蛤蜊到口心無礙

兒女英雄傳

侭只管蒔鋤煩惱沒來由見甚如來

學神仙作道家踏芒鞋綰髻丫葫蘆一個斜肩掛丹頭不賣房中藥指上休談頃刻花隨緣便是長生法聽說他結茅雲外却教人何處尋他

鼓聲敲敲漸低曲將終撥瑟希西風緊吹唬猿起陽關三疊傷心調杜老七哀寫怨詩此中無限英雄淚收拾起浮生閑話交還他破板新詞

安老爺一直聽完又聽他唱那尾聲道

這番閑話君聽者不是閑饒舌飛鳥各投林殘照吞明滅俺則待唱着這道情兒歸山去也

唱完了只見他把漁鼓簡板橫在桌子上站起來望着眾人轉着圈兒拱了拱手說道獻醜獻醜列位客官不拘多少隨心樂助總成總成眾人各各的隨意給了他幾文而散華忠也打串兒上撈下幾十錢來扔給那個打錢兒的老爺正在那裡想他這套道情不但聲調詞句不俗并且算了算連科白帶煞尾通共十三段竟是按古韻十二攝照詞曲家增出灰韻一韻合着十三折譜成的早覺這斷斷不是這個花嘴花臉的道士所能解待要問問他自已是天生的不願意同僧道打交道卻又着實賞鑑他這幾句道情便想多給幾文犒勞犒勞他見華忠只給了他幾

十文就說道你怎生這等小器就多給他些何妨回頭看了看那串兒上却只剩了没多的錢因問你大家誰還帶着錢呢不想問了問連那打褳兒的一時間都把幾個零錢使完了程相公道老伯要用吾這裡有銀子可好老爺大喜說更好及至他從順袋裡取出來却是個五兩的錠兒一時又没處夾老爺便叫那個小小子蘇花兒送給那個道士那道士接過來不會作謝先望着那銀子嘆了口氣道噯路盡纔知蜀道平恩深便覺秋雲厚忽然兩淚直流把那個粉臉兒冲得一行一道的益發不成個模樣他忙忙的用道袍袖子沾了一沾往前走了兩步向安老爺

深深打了一躬說恩官厚賜貧道在這裡稽首了安老爺聽他說了這蜀道秋雲兩句覺得這道士竟不是個凡人或者這道情竟是他自已一片哀怨也不可知便覺他雖是個道士也不甚討厭連忙還了他個揖華忠一旁看見口裡咕嚷道得了我們老爺索興越交越鄉高了便走上去直橛橛的說道回老爺這天西北陰上來了偺們可没帶雨傘哪老爺看了看西北上果然有些陰過來便不及合那道士細談同了程相公一行人出了那齋廟的那個後門兒一路回店裡來梁材在店裡已經叫廚子把老爺的晚飯備妥又給老爺煮下羊肉打點了幾樣兒路菜照

就有他店裡的頓飯餅麪老爺此時吃飯是第二件事究了一天渴了半日緫於要先擦擦臉喝盌茶無如此時茶盌背壺銅鏇子是被老爺一統兩交讀成了個罁裡的醬蘿蔔沒了纓兒了馬褥子是也從碎道裡走了幸而茶盌還有數餘帶着的梁材倒上茶來劉住兒又忙着拿銅盆舀了盆水伺候老爺洗了臉葉通便把程相公的馬褥子給老爺鋪上又把自己那個借給他一時端上菜來老爺同程相公一面吃着酒心裡還是念念不忘那個鳳凰恰好跑堂兒的端上羊肉來程相公便叫住他問道店家店家你快些這裡來你早上說叫天齊廟有得鳳凰看怎的

吾們看不着跑堂兒的一愣就看不着沒有的話這店裡有好幾位都瞧了回來了我們打襍兒的燒香去回來也說瞧見你老同老爺在那兒瞧鳳凰來着怎麼說看不着呢老爺說果然沒有看見只有一對孔雀在那裡跑堂兒的聽見想了想纔笑呵呵的道是啊孔雀啊他那毛兒就像戴的翎子似的我早起說的就是他我是把兩樣兒東西的名兒記擰了老爺一聽這纔悟過今兒這一盪算究足了一時吃完了飯家人們也有買東西去的也有打辦子去的一時只剩了華忠劉住兒兩個華忠又去走動這個當兒忽見劉住兒跑進來說外頭有個人要見老爺老

爺說難道又是位喜賀大爺不成劉住兒又不懂老爺這句反言以申明之的話回道不是喜賀大爺那位奴才兒過這倆人奴才不認得他奴才問他他說老爺見了也認得他老爺道算了罷你弄不清楚這些事快把華忠找來罷半日找了華忠來老爺正叫他去看看這人倒底是誰華忠道不用看奴才纔進來就瞧見他了就是方纔在廟上唱道情的那個道士老爺一聽先就急了說我說這些人斷招惹不得所以叫作惟女子與小人惟難養也因問劉住兒道旣如此你在廟上也聽他唱了那半日怎的又說不認得呢華忠道請老爺別怪劉住兒他這時候不是

方纔那個打扮兒了臉兒也洗乾淨了穿着件舊短襟袍兒石青馬褂兒穿靴帶帽并且是個高提梁兒他見了奴才還裝糊塗奴才一瞧他那神情兒就認出他來了問他來作甚麼他說來謝謝老爺見了老爺還有話說奴才想着老爺可見這些人作甚麼呢就告訴他說回來替你回罷老爺連道狠是狠是華忠道誰知他竟不肯走說務必求見見老爺還說他在淮上常見老爺回明了老爺一定見他的奴才問他姓名他又不肯說只說老爺一見自然認得老爺沒好氣道怎麼你也合劉住兒一般兒大的糊塗難道我在淮上常見的人你會不認得嗎華忠不敢強

嘴等老爺發作完了纔回道老爺聖明奴才趕到青雲堡就迎見老爺回了京了奴才合劉住兒一樣也是没到過淮上的老爺一時無話只說偏偏兒這麽一刻兒上過淮上的人又都不在跟前因賭氣說你叫他進來我見他罷華忠只得去叫那人及至那人進來老爺纔要欠身他已經站在當地望着老爺拖地一躬起來說道水心先生别來無恙可還認識當日座上笙歌今日沿街鼓板的這個道人麽這正是柳絮萍踪渾一夢相逢何必定來生要知說話的這人是誰下回書交代

兒女英雄傳評話第三十八回終

# 兒女英雄傳評話第三十九回

包容量一諾義賙貧　　驩樂翁九袠雙生子

這回書接演上回話表安老爺叫華忠把那個改裝的道士帶進來正要認認這人是誰問問他的來意不想他進門就是一躬起來開口就叫了聲水心先生接着便說可還認得我這當日座上笙歌今日沿街鼓板的道人麼老爺聽了不勝詫異這纔站起身來定睛一看原來不是別人正是自己從前在南河作知縣時候受過知遇的那位老恩憲前任河台談爾音老爺斷想不到此時忽然合他恁地相逢倉卒問倒覺舉指不安忙着先讓程相公迴避

過了自已料是一時換不及衣服只換了頂帽子轉身說道卑職安學海斷想不到此地得見憲台方纔驀遇既昧於瞻拜今蒙降臨又不及迎接且惶且愧但是草莽之間不可廢禮請憲台上坐容卑職叅謁把個談爾音慌得上前扶住說道水心先生我談爾音具有人心苟非事到萬難萬不敢靦顏來見我先生要一定這等稱謂這等儀節使我益發無地自容却教我這一肚皮的話怎說得出口安老爺看了他那愧汗不堪的神情倒覺不好過於拘禮還朝上打了三躬纔合他分賓主坐下此時上街去的家人們也都回來了倒上茶來安老爺又親自送茶依然是

憲台長大人短華忠站在旁邊聽了半日纔知這東西原來就是把我們老爺坑苦了的那個談爾音待要得罪他兩句又礙着主人只氣了他個磨掌搓拳直眉瞪眼安老爺却只藹然和氣的問他的憲台是幾時蒙恩賜環的竟自不知怎的既不進京又不回籍却逗遛在此更不敢動問方纔在天齊廟相遇怎的又裝扮成那等個行藏却是為何那談爾音見問未曾開口眼中落淚一面擺手一面搖頭說道先生這話一言難盡我自從那年獲罪發往軍台原想在河工上還有幾個着實受過我些好處的舊日屬員打算叫他們幫助幾千金交了台費便好還鄉不想

這班人不肯也罷了連回話都沒得一句難得接到他一封回信又無非告苦說窮那語言文字之間還帶些笑駡因此沒法在台站上一住三年纔得效力年滿回來便想在京官同鄉道理打個把式那知我們那班同鄉更狠算起來這些人平日也不知用過我多少別敬節儀如今見我這等回來他們竟自閉門不納還道我不是個安分之徒竟大家鳴皷而攻起來沒奈何只得奔到此地投奔一個州吏目正是我的妻舅叫作蔡錫江不想他這等一個小小官兒也竟會被上司訪着他帷薄不修又叅回去了把我悶得來進退兩難幸得我們紹興府山陰道上多有

些會唱道情的我還記得那腔調也隨口編了幾句就弄了副漁鼓簡板每日胡亂唱來餬口又怕被人看破我的行藏所以纔把些粉墨遮了我這張羞臉作夢也想不到今日在此遇見你這水心先生竟慨然助了我五兩銀子所以特特到門叩謝說罷站起來又打了一躬安老爺此時正在後悔自己方纔在廟上不合一時粗心不曾認出他那個假面目來無端的給了他幾兩銀子倒像特地去簡褻他一般如今聽他這等說法果然是把自己的無心犒賞認作了有意酬恩一時越發不安連忙說道先生你怎的倒這等說說着正要往下辨白這個原故那談爾音

不等老爺說完接過來也說道先生你纔叫作怎的倒這等說你可記得你我同在南河我作壽時節你送我那五十金的公分那時只因我見各官除了公分之外都另有分厚禮獨先生你只單單的送了那公分五十金我不合一時動了個小人之見就幾乎弄得你家破人亡今日狹路相逢我正愁你要在眾人面前大大的出我一場醜不料你不念舊惡也罷了又慨然贈我五兩銀子你可曉得我談爾音當年看了那五十兩輕如草芥今日看得這五兩便重似泰山你叫我怎的不要感激不要這樣說法只是我方纔那番賣唱乞食的行逕真真叫作無可奈何只

得如此還要求老先生函蓋包荒此後見了我們河工上那班舊日朋友切切不要提起纔好安老爺原是彆着一肚子話極力要辯白我方纔如果認出是你來斷不肯那樣褻瀆你他是算認定了難得老爺認得出是他來還肯這等憐惜他兩下裡越說越不得明白說着說着他越發提起前情來言不諱的一味自怨自悔老爺是位仁厚不過的便覺這人儻有三分夜氣早動了一片不忍仁之心一時又替他臉上下不來又覺自己心上過不去待要寬慰勸勉他一番便道大人休如此說貧乃士之常不足爲累便是市上吹簫街頭鼓板這些事古人中如汧國公盬

中八等輩也都作過不過方今聖明在上非其時耳依學海鄙見還是早辦一條歸路回到家鄉先圖個骨肉團聚一面藏器待時或者聖恩高厚想起來還有東山再起之日也未可知他又擺手說道先生這話說得遠了實不相瞞我談爾音此時只住在對門一個小車子店裡一日兩飧還沒處打算哪只這兩件衣裳還是托店主人貸來的就連方纔穿戴的那道衣道笠兒也是合天齊廟裡一個道人借的他還定要用我五十大錢的酒錢你看人情這等艱難叫我一向從那裡辦條歸路起如今是好了有了水心先生你這五兩頭已經有得一半陶成怎的再得有

這等五兩頭我便打算搭了我們紹興同空的糧船回去只是那裡還想作的着這樣第二個春夢老爺這纔明白他是還短幾兩銀子說不出口不禁點頭歎息了一聲默然不語便讓他吃茶要論安老爺素日的爲人此刻的光景既不是拿不出這幾兩銀子又不是捨不得這幾兩銀子要講急人之急正該或多或少叫家人立刻拿出銀子來當面給了他打發他走何等爽快怎的又默然不語呢原來老爺正爲此時自已合他是一窮一通一貴一賤翻了個局面待說斟酌個可以與可以無與罷倒像爲了准安被叅的前情近于使驕且吝待說博施濟衆罷只這等

隨便拿出幾兩銀子來給他不但不是個富而好禮的道理越發顯得方纔廟上給他那幾兩銀子是有意打趣他了一時心裡怎麼想怎麼覺得不合天理人情只端了盌茶一面陪着那個談爾音一面三迴九轉的心裡盤算一直等到客都把茶盌放下了老爺還捧着個盌在那裡盤算呢談爾音看那神情料是沒指望了不好久坐談了兩句散話也就告辭老爺便放下茶盌一直送他出了店門還等他走了幾步然後纔回身進來坐下又思索了半天便叫梁材華忠兩個來吩咐道你們看看有太太給我帶上的幾百銀子在那一個箱子裡給我拿出來此刻程相

公也在跟前便道老伯我那五兩頭不忙那是老人家要
買阿膠用的等到了山東再把我不遲老爺搖搖頭道不
是梁材也回說老爺要使銀子外頭有留出來的五十兩
沒用完呢老爺道你只給我拿來就是了兩個聽了便叫
了打褋兒的幫着到行李車上鬆繩解扣把箱子抬進來
忙着解夾板拆包皮找鑰匙開鎖頭老爺看了看那箱子
裡裝着是五百銀子便吩咐梁材向店家借個天平要平
出二百四十兩來分作三包又叫葉通寫三個饋贐的簽
子按包貼上再現買個黑皮子手版來要恭楷寫舊屬安
學海一行字又叫謄個拜匣預備裝銀子又叫打開包袱

把行裝袍褂拿出來換上華忠見老爺這光景像是要去拜客便請示老爺到那裡去還是車去馬去派誰跟了去老爺見他那臉上不大平靜恐怕悞事便不要招惹他只說一聲不用你只叫個打襍兒的跟着我要親身把這銀子送給那位談大人去原來華忠方纔問的時候就早猜出老爺這着兒來了只不敢冒失如今見老爺不但幫他銀子還要親身送去只氣得他也顧得甚麼叫作規矩便直言奉上說道不是奴才找着挨老爺一頓窩心脚的話老爺的銀子可是沒處兒花了一時梁材大家也覺老爺此舉大可不必程相公也道老翁你平日常講的以德報

德以直報怨怎的此時自已又以德報怨起來老爺正為這樁事一個人為難了半天那一肚子墨水兒不差甚麼憋得都要漾上來了那裡還禁得起旁邊兒再有人去撩蕩他只程相公這一句就開了四書閘了只見他歎着個臉兒問着程相公道世兄你可曉得我夫子講這兩句話是怎的個意思我夫子生在春秋之世見那時周末文勝詩事務虛而不務實那或人忽然來問以德報怨何如也正是受了個文過其實的病便因此動了我夫子一片挽回世道的深心所以倒問他何以報德緊接着便告訴他以直報怨以德報德其實輪到自已身上你就那上下兩

本論語看看他老人家又那一時那一處不受着些怨其中只有被原壤那傲慢不恭的老頭子氣不過在他踝子骨上打過一杖還究竟要算個朋友責善的道理此外如遇着楚狂接輿長沮桀溺那班人受了他許多奚落依然還是好言相向便是陽貨王孫賈陳司敗那等無禮也只就他口中的話説説兒也就罷了甚至弄到性命呼吸也不過説了句天生德於予桓魋其如予何究竟何嘗認真去以直報怨何況我今日這番意思正叫作以德報德世兄你怎的倒説我是以德報怨程相公道別樣事小姪不曉得談爾音這樁事是我天天跟老伯在那裡眼見的難

道那還叫作個德老爺道你們的意思自然爲他參擰了我的官罰賠了我的銀子因我參官賠銀子纔累我的兒子趕出來以致幾乎半途喪了性命大不過講的是這三椿事要算個怨了你們可曉得那河工上的官兒自總河以至河兵那個不是要靠那條河發財的畢竟的放我這樣一個不曾弄錢的官在裡頭便不遇着那位談大人別個也自容我不得長遠下去講講到官只怕連我這條性命都有些可慮今日之下儘的還能夠這等自在逍遥便是幸而不參我那個知縣作到今日說句老實話是還想我能去鑽營升官呢是還想我能去謀幹發財呢只怕我

這點薄薄家私也就被我一任知縣報効在裡頭了所賠的又豈止那五千餘兩再講我的兒子不出來又怎得遇着我這兩房媳婦來立起我家這番事業我若不回去又怎得教成我那個兒子來撑起我家這個門庭你大家想去那一椿不是這位談大人的厚德怎的還要去怨他固然說是天也非人之所能爲也要知他被上天提了一根線兒照傀儡一般替我家出這許多苦力也些須的有點功勞我此舉又怎的不叫作以德報德華忠聽了老爺這段話纔把他那股渾氣消下去了只聽他先念了聲佛說道真哪奴才說句不當家的話照老爺這麽存心怎麽怪

得養兒養女望上長奴才大爺有這段造化呢那麼說這個錢兒敢則花的不寃到底是奴才糊塗只是奴才到底塗糊老爺就給他個一二百也不算少就剪直的給他三百也不算多怎麼又不零不搭的要現給他平出二百四十兩來這又是個甚麼原故呢老爺道蠢才蠢才你怎的會明白這個大道理我竟沒許大精神合你閒講你只問問程師爺就曉得了程師爺聽了一楞想了半天說道我竟不得明白果然的老伯爲甚麼了要把他二百四十兩銀子老爺只笑而不答不想葉通這小廝跟老爺在書本兒上磨磨了這幾年倒摸着老爺胸中些深微奧妙了他

正在那裡貼銀包上的籤子聽了這話便笑着合程相公說道老爺給他這銀子正合着三百兩的數兒程相公道阿說抛話方纔通共拿出三百頭來老爺還了我五兩這裡還剩五十五兩你那裡怎得還會有三百兩我就更不得明白了葉通道師爺要明白這個只把子華使於齊那章書背一遍就明白了他聽了從子華使於齊一直到毋以與爾隣里鄉黨乎背了一徧又尋思了半天搖頭道我不曉得葉通道當日孔夫子送人東西都是打八折不信師爺算那個與之釜的釜字朱註註的是六斗四升那是個八八六四與之庾的那個庾字朱註註的是十六斗那

是個二八一六與之粟五秉的那個秉字朱註註的是十六斛又是個二八一六所以老爺送這位前任河台的離也平了個三八二百四十兩正是八折的三百銀老爺聽了連連點頭讚道使乎使乎程相公按他這話算了算數目果然不錯又問他道葉二爺我倒請教然則與之粟九百怎的又不打八折呢葉通道那也是個八折孔夫子給子華他們老太太的米那是行人情自然給的是串過的細米那得滿打滿算給原思的米是他應關的俸祿自然給的是沒串過的糙米糙米串細米有一得一準準的得折耗二成糠粃刨除二九一八核算起來下餘的正是九

八七二的八折這筆賬大槩連朱子當日也沒算清不然爲甚麼刪頭小註兒裡的釜六斗四升庾十六斗乘十六斛都註得那麼清楚到了與之粟九百的小註兒裡就含糊着說九百不言其量不可考呢這話程相公始終不曾了了安老爺聽了只樂得拍案叫絕說道孺子可教也這講法雖不足窺聖道之大大可補朱註之闕這等看起來那康成家婢不過曉得了薄言往愬逢彼之怒合胡爲乎泥中的幾句詩經便要算作個佳話眞眞不足道也說話間諸事打點齊備老爺見葉通竟能這樣通法料他秉理通達斷不到開罪於那位談大人便叫他持了帖又叫了

一個打雜兒的捧着那個裝銀子的拜匣跟着出了店門往對過那座小車子店去到了店門葉通忙走了兩步先進了店門只見滿院子歇着許多二把手小車子又有些倒站驢子還晾着半院子的驢馬糞却不知這位談大人在那裡看了看見那邊墻根底下蹲着一羣苦漢在那裡吃飯葉通因在主人面前不敢公然問說有個姓談的只得問那班人道有位談大人在那間房住一個人答道這店裡是住驢的那兒摸大人去呀葉通又說明那談大人的年貌那人纔說道你問的是談花臉兒啊在那角上堆草的那間屋子隔壁就是葉通走到跟前不好直進去便

隔牕問了句這是談大人的屋子麼他聽得門外有人說話穿着件破兩截布衫兒靸拉着雙皂靴頭兒出來葉通見了不敢輕慢連忙把手本呈上去說家主請見那談爾音看了看就嚷起來道這還了得這個大東斷不敢當奉璧奉璧說着進屋裡就那麼個樣兒戴上了頂帽子出來這個當兒安老爺已經走進房門朝上打躬說道安學海特來謝步見過了禮就在那鋪土炕上合他分賓主坐下老爺見他那屋裡上下通共一頭人看光景不必再等獻茶了便向葉通使了個眼色要過那個拜匣來放在桌子上此時老爺那番仁厚存心的神情眞眞算得個見於面

盎於背他會大把的給人銀子他自己倒不得話好容易宛轉其詞把這番意思道達出來那談爾音耳朵裡一邊聽着話眼睛裡一邊瞧着銀子老爺這裡話也不曾說完他便望着那銀子大哭起來這一哭倒把安老爺哭的沒了主意再三相勸纔得把他勸住他早拜倒在地謝個不了口裡說道水心先生我當日是那等的陷你你今日是這等的救我這等看起來你直頭是個聖賢我直卿是個禽獸了安老爺忙道大人此話再休提起假如當日安學海不作河工知縣怎的有那場事作河工知縣而河工不開口子怎的有那場事河工開口子而不開在該官工段

上又怎的有那場事這叫作天實爲之與我憲屬甚麼相干大人且把這話擱起是必莫忘方纔那幾句芻蕘之言作速回鄉切切不可流落在此這倒是舊屬一番誠意安老爺這話算厚道到那頭見了他聽了連連點頭答應一面收了銀子把匣子交給葉通安老爺便起身告辭他道明早再謁誠趨叩安老爺也唯唯答應着一路回來店裡纔得上燈老爺這件事作的來好不心曠神怡一覺安穩好睡醒來纔得五鼓還慮到那談爾音天明過來臉上不好意思便催衆人收拾行李車輛不曾天亮就起身上路臨起身又留下一個辭行的名帖托了店家送給他他正

要來拜謝謝得安老爺走了一時感愧之中不無依戀沒奈何把那名帖供在棹兒上拜了兩拜只當日收拾收拾就坐了那店裡一個二把手小車子趕到通河馬頭上趁着紹興回空糧船回往浙江而去及至他到了家感激安老爺這番周濟無可答報每日起來不言不笑不飲不食望空先燒一爐香默祝安老爺的富貴壽考然後纔敢開口這是後話不提卻說安老爺離了涿州一路無話這日早到茌平因天色尚早便想不打早尖趕到鄧家莊早飯恰巧從那匡悅來店過見歇着許多車子滿載着一色的花雕大罈酒問了問原來正是自已送鄧九公的壽禮也

從水路進到老爺大喜就便下來打了尖吩咐一應人馬車輛後行自己却換了頂草帽兒騎上那頭驢兒只叫隨緣兒拿着帽盒跟着要出其不意的先去合鄧九公作個不期而會將進了岔道口但見那條路上的車馬行人往來不斷還有些抬着食盒送禮去的挑着空擔子送了禮回來的老爺在驢子背上想道鄧翁的生日還有幾日呢呀怎的從今日起就這等熱鬧一面想着遠遠的早望見鄧家莊的那座莊門老爺一看這次來與前番來的光景大不相同了只見莊門大開門外歇得車馬成羣門裡也是不斷的人來人往那兩邊樹底下還歇着許多挑擔

賣吃食的一時老爺到了莊門首下了驢兒只見一個穿靴戴帽的莊客過來把老爺上下一打量見老爺戴着頂草帽兒騎着頭驢兒却又穿着身行衣不像個來作賀的樣子便上前問道咱們是那兒來的呀老爺見不是前番來見過的那人正待合他說明來歷只見褚一官從裡面說笑着送出一起客來他一眼望見老爺也不及招呼客便連忙趕出門來說這不是二叔來了麽怎麽一個人兒來了匆匆的見了個禮起來便合那個莊客嚷道你還不快進去告訴去說北京的二老爺從京裡下來已經到門了那人聽了忙着就往裡跑那幾位客都站在一旁等着

告辭老爺便合褚一官說你且先送客他纔忙着送了那班人走這個當兒隨緣兒一手拉着驢一手舉着帽盒老爺一面換帽子一面問褚一官道你令岳怎的這等高興從今日就作起壽來褚一官道好叫二叔得知今日不是作壽纔說得這句早聽得鄧九公一路從裡頭就嚷出來了只聽他叫道我的老弟呀你今兒個可是從天上掉下來了我正說忙過今兒個明兒個就打發人迎上你去誰想你倒先來了可喜可喜說着上前合老爺抱了一抱一面拉着手先道了公子前番得中幷連次高升的喜接着問了這個又問那個然後纔問安老爺是那天起身的走

了幾天一路行走的光景老爺一面隨問隨答一面看他那打扮兒只見他光着個腦袋轂拉着雙山底兒靑緞子山東皂鞋穿一件舊月白短袷褂兒敞着腰兒套着件羽緞袷臥龍袋從脖鈕兒起一直到大襟沒一個扣着的臉是喝了個漆紫連樂帶忙一頭說着只張着嘴氣喘如牛的拿了條大手巾擦那腦門子上的汗老爺此時不及問他別的只惦着褚一官方纔不曾說完的那句話先問道九兄你府上今日一定有件甚麽大喜的事他早拉了安老爺一隻手說咱們到裡頭坐下說說着便有他家的幾個門館先生合他徒弟們迎出來內中也有幾個戴頂戴

的一個個都望着老爺打躬迎接老爺也一一還禮安老爺前番雖到過他家一次却不曾進門一路進來見那大門裡也是路東一個屏門進去便是個大院落那院子裡有合抱不交的幾棵大樹正衙却没大廳只一路腰房東西廂墻各有隨墻屏門只就那西邊屏門裡有一羣人在門裡望外看裡頭又夾襍個茶房嚷道西花廳再擺兩棹子東邊門裡便有人答應看那光景像是往廚房去的路那腰房當中是個穿堂二門門外樹陰裡還安着兩塊大馬台石進了這座門裡面還有層三門見安老爺纔走到[illegible]大娘子他打扮着拉着他那個五六歲

的孩子後面還跟着一羣老婆兒小媳婦子丫頭都從那
個門兒迎出來那褚大娘子此時見了安老爺比前番更
加親熱只是他自已想了想既不好按着官話尊聲義父
又不肯依着鄉風叫聲乾爹也不好逼套些兒稱作老人
家那麽大個個兒了再要爸爸長爸爸短那可就介乎曲
兒的改字兒没甚麽大分别了他便索興親熱起來照稱
他父親一樣也叫作老爺子只見他上前拜了兩拜笑嘻
嘻的說道老爺子怎麽也不賞個信兒悄默聲兒的就來
了也没得叫你女婿接接去說着問了乾娘安又問妹夫
子好兩妹子好以至舅太太張老夫妻都問到了安老爺

一時竟有些應酬不及只一總說了句都好都說請安問候他又拉了他那個孩子過來請安說這也是老爺呢安老爺見是他前番帶到京去的那個孩子也招呼了招呼說都長這麽高了說着便一路進了那個三門兒進去見裡頭是正面五間正房東西六間廂房約莫那後面還有些房子一時鄧九公讓安老爺進了屋子二人直新搭禮老爺見他那屋裡也擺些鐘鼎屏鏡之類一時都不及細看只見西次間炕上地下都擺着席有幾個女眷正在那裡吃麵兒安老爺進來也有藏躲不迭的也有偷着眼兒冒內鄧九公道你們不用跑因拍着安老爺的肩膀兒向

大家說道你大家瞧瞧今兒個來的這就是我常說的我那個頂天立地的好朋友安老爺正不知誰是誰無從見禮褚大娘子道這都是我們一輩兒的幾個當家子合至親相好家的娘兒們沒外人他們比我還怯官你老人家大遠的來先歇歇兒罷不用合他們見禮了說着鄧九公就往東裡間讓老爺看了一週只不曾見着他家那位姨奶奶纔要問起還要問問他家今日到底是有件甚麽事只見鄧九公坐也沒坐好先哈哈了一聲纔開口說話說道老弟我先問你你給我作的那篇東西帶來了沒有安老爺拍着肚子說道現成在這裡少停當面寫出來請老

兒看鄧九公笑道好極了你先別忙索興求老弟你費點兒事這裡頭還得繞繞筆頭兒我要告訴你這個原故你管保替履兒一樂今兒個得喝一觥告訴你哥哥得了兒子了安老爺聽了又驚又喜喜得是這老頭兒一生任俠好義頗以無子爲憾如今一朝有後眞是大快平生驚得是他一個九旬老翁居然還能生育益信他至誠格天連忙起身給他道喜說道這實在要算個非常喜事只是我要挑老哥哥這樣一樁喜事你怎的不早給我個信兒褚大娘子道我說是不是緣有信兒我就催你老人家快寫封書子去罷你老人家只嚷靠不住靠不住瞧到底惹人

家挑了我看這可說甚麽鄧九公纔要說話安老爺道是了這也是我大意大約前番寫信合我要那胎產金丹九合香就是有了佳兆了九公道不是麽那是爲你乾女兒去要的麽誰知他纔倆來的日就掉了呢倒叫我空喜歡了一塲這個當兒褚大娘子捧過茶來說這是雨前你老人家未必喝我那兒趕着叫他們熬普洱茶呢安老爺一面讓坐便料到他家今日是辦三朝那位姨奶奶一定在產房裡不得出來便告訴褚大娘子叫個人進去道喜鄧九公笑呵呵的說道老弟你只別忙聽我從頭兒把這件事說給你不用講愚兄九十歲的人盼兒子的這條癡心

是早沒了誰知到了上年忽然二姑娘他會有了信兒了我可也就沒留心好在他自己也不會言語趕到兩多月上只見他吃動飯兒就是吐天兒哇地的鬧我說這是個甚麽原故呢准是他娘的得了翻胃了還是你乾女兒說别是胎氣罷這麽着他就給他找了個姥姥來瞧了瞧說是喜我說這可真算得個新樣兒的了就那麽糊裡糊塗的過了有四五個月一天他忽然跐着個板橙子上櫃子去不知拿甚麽不想一個不留神把個板橙子登翻了咕咚一跤跌下來就跌了個大仰爬腳子你說怪不怪把胯骨栽青了巴掌大的一大片他這胎氣竟會任怎麽個兒

沒怎麽個兒趕到該着月分兒了大家都在那兒掐着指頭算着盼他養白說他可再也不養了大是過了不差甚麽有一個多月呢這天他正跟着我吃包只見他纔打了個挺大的包握在嘴上吃着忽然吼了一聲說是不好扔下包往屋裡就跑我說你們跟了去瞧瞧是怎麽了不是吃了個蒼蠅啊正說着這個人纔跟進屋子只聽得噶喇的一聲就把個孩子養在褲襠裡了還是挺大的個胖小子幸而我們姑奶奶在這兒叫人給他收拾好了這纔找了姥姥來我說叫他把老弟你給的那胎產金丹吃一丸子那是好的呀他且不吃只嚷餓的荒要先吃點兒甚麽

只這一頓就撮了三大盌兒小米子粥還點補了二十來個雞子兒也沒聽見他嚷個頭暈肚子疼的坐了半天說我這肚子裡還像有一個呢將說着爬起來又養了一個又是個小子你看我們這倆二姑娘跟着我也有這麼好幾年了不養就不養養起來是垛窩兒的這實在是老天可憐也是老弟你前年那句話說的吉利今日正是倆小子的滿月可巧老弟你今日進門這是你姪兒的造化今兒個屋裡也不算暗房咧他娘是在那兒撥弄孩子呢就請老弟你到屋裡瞧瞧管保你這一瞧就抵得個福星高照這倆小子將來就許有點出息兒安老爺聽了大喜站

起身來就同他進了那個東進間的屋門進得屋門安老爺一看他家那位姨奶奶正在那裡奶孩子呢慌得老爺回身往外就跑你道安老爺也是五十多歲生兒養女的人難道連個奶孩子的也沒見過不成何況到了小戶人家再要房屋窄小些遇着有個親友來偏是這個當兒孩子要吃奶往往的就彼此躲避不來何至於就把這位老先生嚇跑了呢原來這位姨奶奶的奶孩子法與衆不同人家奶孩子只得奶一個他得奶兩個人家養雙伴兒的也有自然是奶了一個再奶一個他却是要倆一塊兒奶到了要倆一塊兒奶了只解開一個脖鈕兒一個二鈕兒

這可就不行了所以他奶起孩子來是要把裡外衣裳上的鈕子一件件都解開大敞轆門的撩在兩邊兒去然後纔用兩隻胳膊攏着兩個孩子呌兩個孩子分着吃他兩個咂兒他却把倆孩子的四條腿兒搭成個十字架兒兩隻手緊緊的抱着給他吃又苦於外路人兒輕易不會上炕盤腿兒只叉着兩條腿兒坐在炕沿兒上在那裡奶安老爺進門兒一眼就看見他那對鼓蓬蓬的大咂兒他那對咂兒往小裡說也有斤半來重的饅頭大小圓䐃兒也不曾穿中間兒還露着個雪白的大肚子老爺等閒不曾開過這個眼兒慌得踧踖不安纔待廻避鄧九公一把拉

什說老弟你這又嫩緯緯了這有甚麽的呢他那位姨奶奶兒安老爺進來便笑嘻嘻的說了句喲了不的了他二叔進來了待要站起來懷裡是摟着倆孩子纔一欠身兒左邊兒那個孩子早把個咂兒從嘴裡脫落出來不想正在個灌精兒的時候他那奶頭兒裡的奶就像激箭一般往外直冒冒了那孩子一鼻子一嘴嗆得那孩子又是咳嗽又是噎噴鄧九公只急得合他嚷道二老爺又不是外人你正經老老實實兒的坐在那兒給孩子吃着完了又鬧這些累贅安老爺忙說道老哥哥這也是你過於省事兩個孩子叫他一個人奶着如何來得及再那奶也斷不

彀小人兒吃缺了奶倒是椿要緊的事褚大娘子此時已經笑得咭咭咯咯的一面接過那孩子去一面說道老爺子那兒知道我們這姨奶奶呢倆孩子吃着他還不住手兒的揉奶膀子嚷怪張得慌的呢說着炕上一個婆兒忙着把右手裡那個孩子也接過去那位姨奶奶纔掩上懷依然照前番的禮兒給安老爺請了個安安老爺連忙還了個揖說道有了姪兒了以後不可行這樣大禮他說道有他倆怎麼着呢我還敢合老爺論個嫂子小叔兒小嬸兒大大伯兒呀鄧九公忙說夠了夠了這個當兒再也攔不過他去不算外他緊接着也照褚大娘子那麼這個好

這個好把安老爺家的人問了個到老爺只支吾着答應了兩聲纔待去看那兩個孩子他又問道可是我大妹子好哇我給他帶的東西稍到了沒有他到底趁多偺纔來看我來呀這一問老爺可糊塗了只望着褚大娘子褚大娘子說噯喲媽媽你怎麼這麼實心眼兒呀因合安老爺說道他問就是跟我乾娘的那個長姐兒姑娘論那個人兒啊本來可真也說話兒甜甘待人兒親香怪招人兒疼的不是前番我乾娘在我們那莊兒上住了那幾天嗎他就合人家好了個蜜裡調油臨走合那個怪哭的只問人家多早晚還瞧他來那一個就賺他說得了空兒就來他

就從那天盼起一直盼到今兒個了列公你看只一個長姐兒也會鬧得這等千里逢迎衆口交讚可見聲氣這途也不可不走的只是這些事安老爺怎的弄得清楚無奈那位姨奶奶還只管在那裡嘮叨着問老爺只得隨口說等我回去大約他就該來看你來了說着纔細看那兩個孩子只見一個漆黑一個雪白那漆黑的是個寬腦門子大下巴逼真的一個鄧九公那雪白的是個肉眼胞兒匾臉蛋兒活脫兒就是他們姨奶奶安老爺看了看倒的確是本客自製貨眞價實原板初印一絲不走的兩個孩子心中十分歡喜說道好兩個孩子宜富當貴既壽且昌將

來一定大有造化把個鄧九公樂的說借二叔的吉言托二叔的福這倆孩子還沒個名子呢老弟索興借你這聲文雅兒合這點福緣兒給他倆起倆名字替我壓一壓好養活安老爺說這倒用不着文法因想了想道九哥你這山東至高的莫如泰山至大的莫如東海就本地風光上給他取兩個乳名就叫他山兒海兒那大名字竟排着我家玉格那個馬字旁的驥字一個叫他鄧世駿一個叫他鄧世馴駿馬之晝者也馴馬之夏者也你道好不好鄧九公拍手道好極了好極了就是這麼着老弟你瞧愚兄是個糙人也不懂得如今那些拜老師收門生的規矩率眞

了說罷剪直的我就叫這倆孩子認你作個乾老兒他倆就算你的乾兒子你將來多疼顧他們點兒你說這比老師門生痛快不痛快安老爺見他這樣至誠倒也無法只得也收在門下這纔合老頭兒出了那間屋子彼此坐談敘了些離情鬧了些近況這話暫且按下不表却說鄧家來的那班男客因鄧九公年高大家都不敢勞動他相陪自有褚一官同鄧九公的幾個徒弟合他家門館先生們款待內裡的女客也有鄧家從淮安跟了九公來的幾個遠房本家女眷們張羅只鄧九公合安老爺這陣演說養孩子[illegible]孩子大家早已吃了飯告辭而去褚一官是

裡外應酬忙得不得住腳纔得進來褚大娘子便迎頭嘈
嘈他道嗳你竟忙你的罷老爺子來了這麼半天你也不
知張羅張羅他老人家的飯褚一官道這會子呢我纔就
問了華相公了他說二叔在悅來店早吃了飯來了鄧九
公聽了便嚷起來道可是只顧一陣鬧孩子我怎的也不
曾問老弟你吃飯不曾你來也來到了那怎的又在鎮上
打尖不到我這裡來吃老爺纔把此來從水路載得一百
二十罈好酒給他祝壽恰好今日也到鎮上方纔在那裡
遇見照料了一番就便打了尖以及把行李車輛都留在
後面自己騎了個驢兒先來的話說了一遍鄧九公聽了

樂的連道有趣有趣多謝多謝這夠愚兄喝幾年的了喝完了要還討着煩兒活着再合你要去正說着後面的酒車行李旱也來到了鄧九公便吽褚一官着落兩個明白莊客招呼跟來的人又托他家的門館先生管待程相公又囑咐把酒先給收在倉裡閑來自巳去收褚大娘子便吽他帶人把老爺的行李鄉搬進來安老爺道行李不必搬進來了我在甚麼地方住就搬到那裡去豈不省事鄧九公道就請你先去看看我給你預備的這個住的地方說着拉了老爺就走安老爺正不知是那裡只得跟了他[illegible]正房就到了那正間東廂房去安老爺同他

進去一看只見那三間屋子糊飾得乾淨擺設得齊整鋪陳得簇新裡間兒還安着一分極精潔的牀帳臨牕也擺了一張畫案上面也擺了些筆硯最奇不過的是這老頭兒家裡竟會有書案頭還給擺了幾套書老爺看了看卻是一部三國演義一部水滸傳一部綠牡丹還有新出的施公案合于公案其餘如茶具酒具以至漱盥的這分東西弄了個齊全甚至如新買的馬桶新打的熱壺都給預備在牀底下安老爺看了這兩件傢伙自已先覺得有些用不慣便說道老兄你實在過於費事了但是我在裡頭住着究竟不便正說着褚大娘子合那位姨奶奶也過來

孩大娘子聽見說道不便你老人家只好將就點兒罷依我們老爺子的主意還要請你老人家在正房裡一塊兒住來着呢還是我說的我說那位老爺子的脾氣管保斷不肯我買了這麼幾天的東西纔給你老人家拾掇出這個地方兒來那邊廂房裡就是我合女婿住着這有甚麼不方便的呢說着不由老爺作主便合他女婿說你把相公叫過來我告訴他就叫他們大夥兒把行李搬進來我這兒就瞧着歸着了安老爺是在這鑿不來方孔的地方也無可如何只得聽他調度一時搬進行李來凡是老爺的舖蓋以及合家帶寄路人的東西老爺自己却一不攔

個了幸得太太在家交代得清楚跟的那班小厮們早一分分的打點了送上來大家謝了又謝老爺覺得只要有了他那壽酒壽文二色其餘也不過未能免俗聊復爾爾而已一時交代完畢鄧九公又請安老爺到他那莊子前前後後走了一盪見外面也有個小小的園子也有兩處坐落那地勢局面就比褚一官住的那個東莊兒寬敞多了到了西邊他那個演武廳便是他說的合海馬周三賭賽的那個地方安老爺看了看見當中五間大廳接着抱厦果然好一個寬闊所在見院子裡正在那裡搭天棚安戲台預備他壽期作壽鬧鬧吵吵忙成一處鄧九公又去

應酬了一番程相公便照舊讓安老爺來到正房褚大娘子也經齊齊整整擺了一桌菓子在那裡那些酒過三巡菜添二道的煩文都不必瑣述却說安老爺坐下便叫把手下的酒菜挪開了幾樣要了分紙筆墨硯來放在手下一面喝酒一面筆不加點就把他給鄧九公作的那篇生傳寫出來寫完先把那大意合著頭兒細講了一遍然後纔一手拿著杯高聲朗誦的念給大家聽道

義士鄧翁傳

學游八年出就外傅五十成名共閒讀書四十餘年凡遇古今豪俠好義事輒心嚮往之而竊以生今之

世間其話而未嘗一見其人爲憾　今天子御極之四年歲在丙午學海官淮上旋去官將之山左訪故人女十三妹於齊魯之青雲山十三妹者蓋曙後孤星昔爲吾師故孝廉子何子明濬先生女孫今歸吾子驥爲什家子婦者也先是安隨其先人副總戎何公杞之官甘肅何公爲強有力者所挫下於理鬱鬱以死女誠有所避飾媼婢以縗絰僞爲母若女者致其先人櫬於京邸已則竊毋而逃埋頭項於青雲山間令義士鄧翁者能戀人急往依而庇門戶焉予既至山左甫得其顛末然予與翁初無杯酒交而訂

非翁又無由梯以見女乃因翁之子聟褚者介以見翁既見翁飲予以酒言笑甚歡縱談其生平事蹟眉躍躍欲動始知古所謂豪俠好義之士者今非無其人也會女母氏又見背有岌岌焉不可終日勢凡倚財筋力之禮翁悉毓身任之已乃爲女執柯以之妃吾子驥而使歸吾家計女得翁以獲安全者凡三年八月有奇以追路之人弱杵臼之事而卒措嫺娳與子於磐石之安使學海亦得因之報師門而來佳婦皆翁力也吾媳既外除來歸合巹之夕翁年且八十

日某復遊江湖交游滿天下求其眞知某者無如吾子吾九十近矣縱百歲歸居亦來日苦少子盍爲我撰墓志以須乎予聞命皇皇疑從翁之言則予凶非禮以不敏辭又非翁所以屬予之意而設翁可傳之賢考古人爲賢者立傳不妨及其生存而爲之如司馬君實之於范蜀公是也翁平生出處皆不類范蜀公而學海硯君言且弗如遠甚然其例可援也請得援此例以質翁謹按翁名振彪字虎臣以行行人稱曰九公淮之桃源人其大父某公官明崇禎按察副使從永明王入滇與鄧士廉定李國諸人同日盡難

父某公時以歲貢生任訓導聞之棄官徒步萬里冒鋒鏑負骸骨以歸竟以身殉嗚呼以知翁之得天獨厚者端有自來矣追翁入　本朝以康熙第一壬寅應童子試不售覺佔嗶非丈夫事望望然去之便從事於長槍大戟馳馬試劍改試武科試之日弓刀石皆膺上上考而以默寫武經違式應見黜典試者將先有所要求而後斡旋之且許以冠軍翁怒曰丈夫以血氣取功名誰復能持白鏹乞憐昏夜哉然猶得綴名榜末而翁竟由此絕意進取乃載先人柩去鄉里走山東睪生平峒口之二十八棵紅郭樹地卜築

家焉至今地以人重道公者輒道二十八棵紅柳樹鄧九公云性誠篤而毅間以俠氣出恒爲里閈排難解紛抑强扶弱有不順者則奮老拳揮楚之人恒樂得其一言以爲曲直久之舉益豪名益重時承平久萑苻遙起凡南北挾巨貲通有無者多有戒心聞翁名咸挾重幣來聘翁偕護行篋翁因之得以馬足徧天下業此垂六十年未嘗失一事亦未嘗傷一人卒業之日諸大賈榜其門曰名鎮江湖世誠不足爲翁榮然亦可想見其氣槩之軼倫矣翁身中局尺九尺廣顙豐下目光炯炯射人頦下鬚如銀長可過臍卧

則理而束之嘗謂不惜日擲千金此鬚不得損吾毫未也晚無他嗜好惟縱酒自適酣則擊刺跳躑以爲樂翁康强富壽特有伯道之戚居輙怏怏曰使鄧某終無子非天道也予以洪範五福予與官不與壽解之而翁終不懌歲庚戌爲翁九十初度予自京邸載酒以來爲翁壽入門翁家適作湯餅會問之則翁遣室已先一月協熊占而又孿生也噫嘻學海問男子八八而不生女子七七而不長此理數之常也九十生子曾未前聞乃翁之所以格天與天之所報翁一

海幸旦暮勿死終將濡筆以待焉

安老爺念完了自已十分得意料着鄧九公聽了不知要樂到怎的個神情那知他聽完了點了點頭只不言語却不住的抓着大長的那把鬍子在那裡發愣像是想着一件甚麼為難的事情一般老爺看了大是不解不禁問道九兄你聽我這篇拙作可還配得來你這個人只見他正色道甚麼話老弟你這個樣兒的大筆可還有甚麼說的就只我這麼聽着裡頭還短一點過節兒你還得給我添上老爺忙問還添甚麼他道你這裡頭沒提上我們姑奶

奶我往往瞧見人家那碑上把一家子都寫在後頭再你還得把你方纔給倆小子起的那倆名字也給寫上老爺道阿不是這等辦法文章各有個體裁碑文是碑文生傳是生傳這怎好攙在一處如果要照那等體裁豈但老兄的子女連嫂夫人的姓氏以至你生於何年月日將來殁於何年月日葬於某處都要入在後面這是你一百二十歲以後的事此時如何忙得鄧九公道我不管那些我好容易見着老弟你了你只當面見給弄齊全了我就放心了老爺被他磨得沒法只得另要了張紙給他寫道公生於某年某月某日以某年某月某日卒葬於某

處不諱某氏先翁若干年卒女一亦巾幗而丈夫者也適山東褚生子二世駿世馴他看了這纔歎喜又笑嘻嘻的遞給安老爺說好兄弟你索興把後頭那幾句四六句兒也給弄出來安老爺道老哥哥你這可是將了那叫作墓誌銘豈有你一個好端端的人在這裡我給你銘起墓來的理鄧九公道咻老弟拿着你這麼個人怎麼也這麼不通一個人活到九十歲了要還有這些忌諱那就叫貪心不足不知好歹了老爺在書堆裡苦磨了半世不想此時落得被這老頭兒道得個不通想了想他這句話竟自有理便思索了一刻又在後面寫了一行寫道是

銘曰不讀書而能賢不立言而足傳一得無慚五福兼全宜其克昌厥後也而區區者若不予畀焉乃亦終協熊占其生也纔且在九十之年嗚呼此其所以爲天後之來者視此阡

老爺念了一遍又細細的講給他聽他聽了只說了句得了得了跐起來就爬下給安老爺磕了個頭老爺忙得還禮不迭又聽他說道老弟呀還是我那句話我這條身子是父母給的我這個名是你留的我有了這件東西說到得了天塌地陷也是瞎話橫豎咱們大清國萬萬年我孫[illegible]

自由大概陪安老爺此時事是完了就是送了合他放
里喝了一回吃過飯便過廂房去安歇此時那個康花兒
是合鄧九公的那班小小子混熟了褚一官自已搬過來
陪着安老爺又叫了隨緣兒進來伺候過了兩日便是鄧
九公的壽辰早有褚一官同他那班徒弟門客大家張羅
着在府城裡叫了兩班小戲這日廳上也挂了些壽畫壽
聯大家也送了些壽桃壽麵席上擺着壽酒台上唱着壽
戲男客是士農工商俱有女眷是來少村俏紛來有的獻
個壽意的有的道句壽詞的無非賀壽拜壽祝壽翁的百
年長壽把個鄧九公樂的張羅了這個又應酬那個當下

把衆男客讓在廳上正中三間衆女眷讓在那個西稍間因恐安老爺合那班俗人坐不到一處便在東稍間另設了一席讓到那裡去坐又特請了本地四位鄉紳來作陪這四位鄉紳一位姓曾名巽撰號瑟庵因無心進取便作了個裝點山林的名士一位複姓公西名相號小端因家道殷實捐了個鴻臚寺序班一位姓冉名足民號望華是個教官截取的候選知縣一位姓仲名知方號笑岩是個團練鄉勇出力議敘的六品職銜安老爺見這班人都是聖門賢裔心中十分敬重當下彼此見過禮早見鄒九公來向前先過這席來把盞安席斟了一巡酒將坐下便

指着安老爺向那四位陪客說道我這位把弟他有個不醉的量今兒個爾爾尊你四位讓他多喝幾盅再我還有句話先告個罪在你四位跟前交代在頭裡你四位可別豎着說你們都算孔聖人的徒孫兒了照着素來擠我也似的那麽擠他合他混抖攪酸的人家那肚子裡比你們通亮遠着的呢我可自告訴你們說罷又咯咯大笑隨各各的陪飲了一盃便到別席張羅去了這裡四位陪客見安老爺是個旗人本就不甚在意再加上鄧九公這套只顧一面兒的話一交代在個姓曾的聽了心裡來就有些不大受用便益發不來周旋這位遠客只他四個高談闊論

起來安老爺此時倒落得一個人歎坐在那裡看戲無如老爺的天性又生來的合看戲這椿事不甚相近甚麽叫作賓白合套切末排場平日一槩不曾留過這番心更講不到梆了二簧了因此只管看着却是一絲不懂但見滿台刀鎗並舉鑼鼓齊喧一時又見從上場門跳出個黑臉黑甲的黑臉人來也不聽得他唱只拿了桿鎗哇呀呀哇呀呀喊了個地動山搖咕咚咚咕咚咚跳了個塵飛烟起鬧了半日忽然聽他道了四句白第一句却道得是力拔山兮氣蓋世這句老爺懂了接着留神聽下去他果然道得是那首垓下歌纔知道這扮的是西楚霸王原來台上

這半日演的正是楚漢爭鋒的故事這段涑水通鑑老爺是濫熟的因而便要往下聽聽他唱的是些甚麼一霎時前場笙笛合奏鼓板輕敲老爺側着耳朵一字字跟着聽明白了兩句唱道是蓋世英雄始信短如春夢正在聽得有些入神兒忽聽左首坐的那個曾瑟菴望那三個說道人生在世既作了個蓋世英雄焉得不短如春夢這位霸王果然能照我家子晳公一般領略些沂水春風的樂趣自然上下與天地同流了哇又怎得會短如春夢他一句話没講完猛可的又聽那側仲笑岩說道倒底還是他算不得個蓋世英雄這場事當日要遇着我家子路公那等

本領敢怕那八千子弟兵早一個個急公向義親其上死其長的先到了關中了又何愁有十個韓信一百面埋伏會瑟莽聽了說道罷了罷了笑岩你莫來替你家那位子路公撐門面他要果然有些真本領也不到得夫子哂之受那番駁斥了仲笑岩見會瑟莽責弄他家先賢的高風揭挑自家位賢的短處早有些不悅也回口道須比你家那位子晰公只合些若大若小的孩子厮混的有幹頭些那瑟莽便翻着雙白眼說道不敢欺你可知夫子喟然而歎道那句吾與點也正賞識得是他那些兒沒幹頭處坐中那個再老些是個殷懷不息的人見他兩個爭競起來

了情得把身子望後偎了一偎望着那個羅姑公西的說道小端你看今日這等個禮樂雍容之地他二位倒一言不合鬬起口來區區止不過志在溫飽自問是斷斷周旋不來的這事只得要借重你這位大君子了公西小端見冉望華把場是非磨兒到他身上來了忙道慚愧慚愧這事小弟也遜謝不敏所以不敢固辭者誠以今日承主人的盛意原為請我們來作個小小儐介奉陪諸位水心先生我們倒不可在遠客面前有失家風致傷雅道說着便離位出席向曾仲兩家各打了一躬勸他兩個和息這場口角安老爺坐在上面看他四個鬧了這半日通共穿插

的是他各人各人的先哲子路曾晰冉有公西華侍坐言志的那章論語這椿事不比聽戲可正彈在安老爺的癢癢筋兒上了當下見公西小端只管那等揖讓周旋的贊襄了一陣曾仲兩個依然是一邊盛氣相向一邊狂態逼人把個冉望華直嚇得退避三舍安老爺倒有些看不過不禁欠了欠身勸道四位先生方纔我看你大家這番舉動固是不媿家學淵源只可惜未免有些爲宋儒所誤依我鄙見此刻望華不須退讓小端暫省繁文瑟菴且自休縱高談笑岩也莫過爭閒氣你四位先得明白明白這章

我們門裡出身的倒會不及個門外漢了再說這章書我們只看高頭講章也不知看過多少次了怎的說不是這等講法呢四個人便不約而同的問着安老爺說先生你這話怎講到要領教安老爺道大凡我輩讀書誠不得不詳看朱註却不可過信朱註不詳看朱註我輩生在千百年後且不知書裡這人爲何等人又焉知他行的這樁事是怎的樁事說的話是怎的句話過信朱註則入腐障日深就未免離情理日遠須要自已拿出些見識來讀他纔叫作不枉讀書卽如這章書撥情度理我以爲你家四位先賢在夫子面前侍坐言志時節夫子正是賞識三子並

未嘗駁斥子路不但未嘗駁子路轉有些斥駁與晳讀者正不得因吾與點也一句抬高曾晳因夫子哂之一句看低子路何也呢三子中如子路的可使有勇知方冉子公西兩個的可使足民願爲小相不待今日早在夫子賞識之中這句話只看孟武伯問子路仁乎那章書便是夫子給他三個出的切實考語然則此時夫子又何以明知故問呢自是這日燕居無事偶見他三個都在坐中一時想到我平日所賞識他三個的如此只不知他三個的自信何如果能自信則明王復作縱使轍環終老吾道不行只

聖人一片憐才救世的苦心及至聽他三個各人說了各人的志向正與自己平日所見略同所以更不可贊一辭正所謂得意忘言默然相賞這便是夫子賞識三子的明証既云默然相賞何以三子之中夫子又獨哂子路呢要知這一哂不是哂他不能可使有勇知方的言大而夸只後文爲國以禮其言不讓的朱註中也道是夫子蓋許其能特哂其不遜只是既許其能又怎的哂他不遜所謂不遜的去處又安在呢正是哂他率爾而對至於怎的就逼得他率爾而對因之帶累冉子公西兩個作許多難以致會把位大聖人傷到喟然而嘆這場是非可都是曾子斯

那張瑟鼓出來的安老爺講到這裡不但仲冉公西三個聽不出這句話頭便是那位名士曾瑟箕也認不淸這條理路便道氷心先生你這話就叫人無從索解了安老爺道固也待吾言之你不見朱註中明明道着句四子侍坐以齒爲序麽按子路在聖門最爲年長曾晳次之冉有叉次之公西華最幼這章書記者開首第一句記他四個的名次便是他四個的坐次按着坐次講話夫子自應先問子路只是先生之於弟子正不必逐位逐位的去向他應酬想來當日如或知爾則何以哉這句話自然是望着大家擔說開的不然何以不會見夫子劈首先問一句由爾

何如嚮只這等望着大家籠統一問恰好又見坐中除了子路冉有公西華三子之外多着一個曾晳這個曾晳却是終二十篇論語不曾見提起的一個人可想而知夫子問話時節一片心神眼光都照在他身上是想先聽他講講他究竟又是怎的個志向無如那時節他正在那裏鼓瑟甚然不曾理會到夫子這番神理何以見得禮侍坐於先生先生問焉終則對那曾晳正當夫子問話時節不曾留心到此已經算得個疎畧了豈有夫子既然問話之後有意擱之不答轉去取瑟而歌之理然則其爲那時節他便在那裏鼓瑟可知子路那副勇往直前的性兒却又不

能體會到此見夫子問下這等一句話來一時沒人登答我既年長我又首座我便說了彼時夫子正望着曾皙應聲而談忽的被子路憑空一岔既不便告訴他說我是想叫曾皙先講又不好責備他說你不應先曾皙作答只有付之一笑了這正叫作事屬偶然無關大體然則後文經曾皙一問怎的又道出為國以禮其言不讓那等個大題目來呢夫子正是曉喻曾皙說我問的正是何以酬知酬知不外為國為國必先以禮以禮無如克讓我因他只一句話便不肯讓人先講所以笑他這句話要文言道以俗這般如今的世俗話講起來止不過叫作笑他沒眼色所

以譏夫子未嘗斥點子路然則夫子明明道得句吾與點也又何以見得是斥駁曾皙呢原情而論先生只管將襟而談弟子只管鼓瑟不理此時代夫子設想已經說不免沒些不然曾皙之意及至子路率爾也率爾過了夫子哂之也哂之過了便依着坐次也該這第二座的冉有開談了不道他依然還在那裡鼓瑟又何以知之只待夫子合冉子公西兩番問答過後他還不曾到得鼓瑟希其爲那時節他依然還在那裡鼓瑟又可知夫子心裡自然益發覺得不然了沒法只得撇過他去聽冉有講恰巧那個冉子又是有退無進的見子路被哂又見曾皙不答他便不

敢越席而對夫子見他沒話就不得不問那句求爾何如以至他一爲難纔講了句方六七十又退縮成個如五六十纔講了句可使足民又周旋了個如其禮樂以俟君子這句話冉子雖未嘗一定推尊公西華爲君子在公西華自謙卻正是個素嫻禮樂的人因之一時也難於開口夫子見他也沒話又不得不再問那句赤爾何如以至他一爲難未曾說話先謙了句非曰能之願學焉纔說得句宗廟之事又謙作個如會同完來願爲相焉之上還特特的加了個小字直到此時曾皙始終還在那裡鼓瑟夫子都有些不耐煩他曲終了便問了句點爾何如他這纔

其君者爲國舍志而作未曾言志又先說了何異乎三子者之撰夫子道何傷乎也只道他無論怎的個異乎三子總不出夫子如或知爾則何以哉那一問那知他竟會講出合夫子所問全不相干的沂水春風一段話來他的話講完了夫子的心便傷透了你道夫子又傷着何來彼時夫子一片憐才救世之心正望着諸弟子各行其志不沒斯文忽然聽得這番話覺道如曾晳者也作此想豈不正是我平日浮海居夷那番感慨其爲時衰運替可知然則吾道終窮矣於是乎就喟嘆曰吾與點也這句話正是個傷心蒿目之詞不是個志同道合之語果然志同道合夫

子自然莞爾而笑不應喟然而歎了哇再不料那曾晳又不曾理會夫子這番神理還只管留後只管問夫三子者之言何如只管問夫子何哂由也只管問唯求唯赤則非邦也與以至夫子煩惱不過逐層駁斥一直駁斥到底你大家不信這話只從亦各言其志也已矣默誦到熟能爲之大暮想夫子那幾句話的神理那一句不是駁斥他的只此使是子路因他還笑冉子公西因他作難夫子因他喟然而嘆所以駁斥他的原由這樁公案據理而斷于路的直率直率得可原曾晳的狂簡狂簡得無禮宋儒中如[illegible]則明道諸君子大半是苦拘理路不問性靈的見

了夫子哂之一句只道着個哂其不遜却又解不出其不遜的所以然又震於吾與點也一句反復推求不得其故便鬧到甚麽胸次悠然了堯舜氣象了上下與天地同流了替曾皙敷衍了一陣以至從南宋到今誤了天下後世無限讀者今日之下你四位還要台台上這個優孟衣冠的西楚霸王接演這本侍坐言志的續編我以爲也就大可不必了當下曾瑟菴仲笑岩冉望華公西小端聽安老爺講了這章書四個人閉口無言面面厮覷想道從入學以至通籍不但不曾聽得塾師講過這等一章淸楚書大約連塾師也未必作過這等一個明白夢當下便是第一

個不服的那個會琵琶第一個首肯趕着安老爺滿臉堆歡的叫了聲老前輩將要說話那仲笑岩早振臂直前的搶過來說道你算了罷這還鬧甚麼老前輩呢碰見這個樣兒的手還不值得爬下磕個頭拜老師嗎說着他早五體投地的拜下去那三個見他拜下去各各道道有理也隨他拜下去安老爺向來諸處謙光只有遇着人拜他作老師從不推讓他不道是人之患在好為人師只道是有教無類見這四個拜倒在地只出位還了個半禮正在拜着不防鄧九公喝得紅撲撲兒的一張臉一腳踏進來見他們四位這是個甚麼禮兒那四個拜罷起來

便粗枝大葉把前項話告訴了他一遍只樂得他掀着長鬚哈哈大笑說道我說如何因又拍着胸脯子說道告訴你們鄧老九的好朋友沒有扎空鎗賣癬疥藥的不信打聽打聽人家到了咱們山東這麽幾天兒倒收了六哇門生了說着便坐在這席合安老爺大盃價暢飲起來飲了一巡安老爺看了看台上的楚漢爭鋒是唱得完上來了廳上的男客女眷也散得淨上來了便大家忙着吃過早飯一時酒闌人散樂止禮成送了四位陪客走後安老爺合鄧九公便進去安置外間自有褚一官一班人料理接着第二三日又熱鬧了兩天到了第四日老爺便要告辭

褚大娘子先就苦苦的不放說等消停消停我們還要單唱台戲請你老人家樂一天呢鄧九公道姑奶奶你不用合他提那個聽戲這椿事警不動他因合安老爺說道老弟你難得到我們山東走這遭可別白走這遭你前日不說我們山東至高的莫如泰山至寬的莫如東海嗎等過一天愚兄陪你去登回泰山望回東海如何安老爺聽得這話先就有些高興又聽鄧九公說道你先別樂這還不足爲奇等咱們登罷了泰山望過了東海回來我還帶你到一個地方兒去見一個人管保這個人准投你的緣請

暗逗防見艷對你的勸頓正是觀於海者難爲水遊於聖

閒話少言要知那鄧九公同安老爺遊泰山望東海之後還要去到個甚的地方見個甚等樣人下回書交代

兒女英雄傳評話第三十九回終

# 兒女英雄傳評話第四十回

虛吹驚還奏陽關曲　真幸事穩抱小星裯

這回書接演上回話表安老爺在鄧家莊給鄧九公祝壽，事畢便要告辭他父女兩個，是苦留不放鄧九公併說頭請老爺去登泰山望東海這之後還要帶老爺到一個地方去見一個人安老爺見他說得恁般鄭重不禁要問因問道九兄你我只望望泰山東海也就算得個大觀了你還要我到個甚的地方見個甚的人去鄧九公道你別忙等我先告訴你這個來歷我這莊兒上有個寫字兒的姓孔的叫作孔繼遙我們莊兒上大夥兒都叫他老遙據這老遙自已說他是孔聖人的滴派子孫合現在這個衍聖公還算得個近支兒的當家子聽他講究起孔聖人墳上那些古蹟兒廟裡的那些古董兒來那眞比聽台戲還熱鬧他說這些地方兒他都到的了就連衍聖公他也見得着他兩次三番的邀我去逛逛我想我這肚子裡斗大的字通共認不上兩石可瞎鬧這些作甚麽如今難得老弟你來了你也是個閒身子莫如多住些日子等我消停兩天咱們就帶上那個老遙先生逛了泰山東海回來再到孔陵聖廟去睄睄就拜拜那個衍聖公你合他講說講說你想這對你的胃口不對安老爺聽了[illegible]

是呀説道九兒你這話何不早說這等地方如何不去既如此等我寫封家信同去通知家裡我就躭擱幾天何妨他父女兩個見留得安老爺不走了自是歡喜當下便商量怎的上路怎的登山怎的攜酒怎的帶菜正在講得高興只見褚一官忙碌碌從外面跑進來一直跑到安老爺跟前請了個安說道二叔大喜老爺忙問甚麼事他道家裡打發戴勤戴爺來了說少大爺高升了換上紅頂兒得了大花翎子了老爺聽了先就有些詫異忙問他升了甚麼官了褚一官道這個官名兒我學說不上來戴爺在外頭解包袱拿家信呢就進來說着早見華忠等一干人跟

了戴勤進來戴勤進了屋子匆匆的先見過鄧九公轉身便給老爺請安叩喜老爺此刻忙的不及問他別的只問大爺到底放了甚麼了他先把手裡那封信遞上去這纔吞吞吐吐的回道奴才大爺賞了頭等轄加了個副都統銜放了烏里雅蘇台的叅贊大臣了安老爺聽得這句話只阿呀一聲登時滿臉煞白兩手氷冷渾身一個整顫兒手裡的那封信早顫的戒楞楞掉在地下緊接着就雙手把腿一拍說道完了鄧九公忙問老弟你這是怎麽說安老爺只搖搖頭望空長吁了口氣說道九兄這話一言難盡你我慢談這個當兒葉通早把公子那封稟帖揀起來

遞給老爺拆開一看見上面無非稟知這件事的原由却聲明其餘不盡的話都等老爺回家面稟老爺看完把信交給葉通便問戴勤道你是那天起身的戴勤回說奴才是奴才大大爺放下來的第二天起的身奴才來的這日奴才大爺還在海淀住着不曾回家大爺叫奴才就便請示老爺幾時可以回家奴才太太都叫奴才回老爺請老爺務必早些回家纔好正有許多事都等老爺回去請示定奪呢安老爺點了點頭說道這個自然因回頭向鄧九公道九兄承你爺兒兩個一番厚意非我苦苦要行如今爺出這番意外的事來其實不好就擱了我只此告辭明日

五鼓便走說着就吩咐家人們去歸着行李鄧家父女見這光景知是不好強留只得一面收拾今晚的送行酒一面預備明早的上馬飯給老爺送行一時擺上酒來老爺勉強坐下此時甚麼叫作登泰山望東海拜孔陵謁聖廟以至子路曾晳冉有公西華怎的個侍坐言志老爺全顧不來了只擎着盃酒愁眉苦眼一言不發的在坐上發愣列公你看這老頭兒這一愣愣的好生叫人不解我朝設立西北西南兩路鎮守邊疆的這幾個要缺每年到了撫班時候凡如御前乾清門的那班東三省朋友那個不羨慕這缺是個發財的利途便是有等獲罪的卿貳督撫又

那個不指望這途作個轉機的生路如今安公子纔不過一個四品國子監祭酒便加了個二品副都統銜已經算得個越級超升了再講到那枝孔雀花翎的貴重只看外省有個經費不繼開起捐來如那班坐擁厚貲的府廳司道合那班盤剝重利的洋商鹽商都得花到上萬的銀子纔捐得這件東西到頭上安公子一旦之間兩椿都得了可不算得個意外的榮華飛來的富貴麼怎的安老爺得了這個信息不樂得眉開眼笑倒愣到苦眼愁眉起來這是個甚麼道理從來各人的境遇有個不同志向有個不同到了性情尤其有個不同這位老爺天生的是天性重

人慾輕再加一生蹭蹬半世迍邅拘他不是容易教養成那等個好兒子不是容易物色得那等兩個好媳婦纔成果起這分好人家來如今眼看着書香門第是接下去了衣鉢生涯是靠得住了他那個兒子只按部就班的也就作到公卿正用不着到那等地方去名外圖利他那分家計只安分守己的也便不愁溫飽正用不着叫兒子到那等地方去死裡求生按安老爺此時的光景正應了無官一身輕有子萬事足的那兩句俗話再不想憑空裡無端的岔出這等個大岔兒來這個岔兒一岔在傍人說句不關痛癢的話也道是宦途無定食路有方他自己想到不辜

性情上頭就未免覺得兒女傷心英雄短氣至於那途路風霜之苦骨肉離別之難還是他心裡第二第三件事所以此時只管見安公子這等珊瑚其頂孔雀其翎猱獅其補顯耀非常的去幹功名他只覺這段人慾抵不過他那片天性去一時早把他那一肚子書壽合半世的牢騷一股腦子都提起來打成一團結成一塊再也化解不動撕擄不開了因此他就只剩了擎着盃酒一言不發愁眉苦眼的坐在那裡發愣了那鄧九公是個熱腸子人見安老爺這等樣子一時測不透其中的所以然又是心裡着急又是替他難過便不問長短只就他那個見識講了一大

篇不入耳之談從旁勸道老弟你不是這麼着人生在世坐官一場不過是巴結戴上個紅頂子養兒一場也不過是指望兒子戴上個紅頂子如今我們老賢姪這麼個歲數兒紅頂子是戴上了大花翎子是扛上了可是人家說的大丈夫要烈烈轟轟作一場從這麼起幾天兒的工夫封候拜相你就剩了作老封君享福了麼這還不樂怎麼倒愁的這麼個樣兒真個的含着你這麼個人不信會進這點理兒看不破嗎他這套話一講纔正講得是安老爺心裡那個皮面兒老爺待要不答想了想自己正在發悶場中有這等個向熱的人殷勤相勸也自難得待要合他

談談自巳這段心事一時合他怎生談得明白沒法只就
他嘴裡的話鍊字鍊句的鍊成一句合他說道看的破忍
不過九兄你只細細的體會我這六個字去便曉得我心
裡的苦楚了鄧九公那個粗豪性兒如何打得破這個悶
葫蘆他聽了這話只摳着個眉扎巴着兩隻大眼睛瞅着
安老爺看他那光景一時比安老爺本人兒煩的還煩只
這等皺皺的瞅了半日忽然見他把胸脯子一挺說道老
弟你這話我聽出來咧放心這樁事滿交給愚兄咧世街
上要朋友是管作甚麼的安老爺此時纔叫個不勝詫異
之至忙問說九哥這事你有甚麼法子呀他道你聽阿我

這半天細咂你這句話的滋味兒大似是叫我們老賢姪前回黑風崗能仁寺那樁事把你的膽兒嚇細了如今他走這邊邁道兒你一定有個不放心怕有個失閃兒我有主意說着揎拳擄袖的纔要說他那個主意忽然又道你等等兒等我們家裡先商量商量着說着便大嚷着叫道姑爺姑奶奶呢褚大娘子正在套間裡忙着打點東西褚一官是在廂房裡幫着捆箱子聽得他家老爺子這樣嚷忙的都跑了來了鄧老頭兒見他兩個來了便道你們倆坐下我有話說當下便先合他女兒說道你乾老兒現在因他家老大出口有點子不放心他心裡在這兒受着窘

呢照偺們這個樣兒的交情他旣受了窄偺們要不給他冐股子勁那還算交情了嗎如今我的意思想要叫姑爺保着他去走這盪儻或道兒上有個甚麽事兒到底有個仗膽兒的也叫你乾老兒放點兒心姑奶奶你想我這個主意怎麽樣安老爺一聽這話心裡暗笑說這老頭兒這纔叫個問官答花驢唇不對馬嘴這與我的心事甚麽相干忙說老兄豈有你這樣年紀倒叫大姑爺遠行之理這事斷斷不可他道你別管我們姑爺在家裡也是白獃着趁着我還硬朗叫他出去到官場中巴結巴結萬一遇着個機會謀幹個一官半職也是件兩全其美的事老弟你

到別爲難這邊褚大娘子還沒開口褚一官到底是老實人聽了便說罷了老爺子可是這話也有你老人家養活了我半輩子這會子眼着你老這麽大年紀了我倒扔下跑這麽遠去自已找官兒作的眞個的我也戒認得官兒了知道我有那造化沒有呢褚大娘子的性情却又合他丈夫不同方纔聽他父親一說就早合了他的意思你道爲何難道他果的看得他那個老玉那般重看得他這個一官這般輕無端的就肯叫他到烏里雅蘇台給老玉保驃夫不成非也他是這兩年合安府上這陣走動見安太太那等尊貴金玉姊妹那等富麗他把個脚步眼界闊高

了熬斷吻喇的一心只想給他家一官大小也鬧個前程兒他好借此作個官兒娘子聽稱一官這等說他便說道不是這麼着你聽我說這件事不值甚麼家裡有我呢偺們索興把東莊兒的房子交給莊客們看着我還搬回來跟老爺子住些晚兒也好照應你只管幹你的去就留你在家裡也是六枝兒封癢癢兒敷餘着一個說着他倒站起來向安老爺拜了一拜說道就是這麼着了只求你老人家把這話好好兒的替我托付托付我們老玉罷我也不會花說柳說的一句話我就保他不撒謊出苦力這兩條兒要講本事啊不是我過獎他可掛拉棗兒有線 限鄧

九公在旁呵呵的笑道姑奶奶你這是何苦來因合安老爺說道老弟這一來你放了心了罷咧再要不放心我還有個人我們那個大鐵鎚陸老大老弟你不也見過他嗎你來的頭裡我原說叫他同女婿倆人接你去投得去你就來了如今我還打發他倆送你同京就叫他倆去替我給我們老賢姪道喜這事也得合我們老賢姪商量商量說罷就回頭吩咐他女婿道姑爺這話你明白了你别爲我就悞了事你瞧不得老頭子慶了九十了靠得住老天還賞幾年子老米飯吃呢你只管安心去你的你出去就把這話告訴陸老大你倆也别累贅連夜趕着收拾收拾

馬上稍上個小包袱子明日就跟了走了到京裡瞧光景是用得着你們用不着你們果然用得着你倆再回來取行李多遠兒呢大槩也還有這工夫就這麼辦咧許一官平日在他泰山跟前還有個東閃西挪到了在他銀子跟前却是從來說一不二如今兩下裡一擠他响也不敢响只有一句一答應的儘着答應便出去找陸葆安收拾行李馬匹去了不提這裡安老爺見他一家這等個至誠向熱心下十分不安覺得有褚陸這等兩個人跟去也像畧爲放心一時倒覺不好推却只得應允轉向他父女稱謝了一番當下合鄧九公吃了幾盃因是明日起早便罷便

各各安置褚大娘子去照料了褚一官一番又囑咐了他許多話回到上房合他家那位姨奶奶兩個張羅了這宗又打點那項整忙了一夜不曾得睡次早纔交五鼓安老爺合鄧九公早都起來褚一官陸葆安兩個已經遍體行裝的上來伺候鄧九公一見他兩個便道可是我昨日還落了囑咐你們一句要緊的話你倆這一去見着少大爺不比從前可就得上台唱起戲來了見面得跪倒爬起說話得嘛兒喳兒還得照着督府衙門那些戈甚的排塲兒稱他大人你們自已稱是小的那纔是話呢別說靠着我這個面子兒合你們兩腦袋上鈕子大的那個金頂兒合

人家貧交情去這齣戲可就唱砸了二人聽了只有連連答應當下安老爺忙忙的一面吃些東西一面催齊車馬便辭了大家帶同小程師爺褚陸兩個並一眾家丁上路鄧九公一直送至岔道口纔合安老爺灑淚而別按下這話不表如今話分兩頭單表安公子却說安公子自從他家老爺前往山東去後那一向適值國子監衙門有幾件應奏的事他連次赴圓都蒙召見接着吏兵等部有兩次奏派驗看揀選的差使也都派得有他因此就把這位小爺熱得十分高興恰巧那個當兒正出了個內閣學士缺祭酒的名次題本裡例得開列在前他自已心裡的紅算

計下次御門這個缺八成兒可望過了幾日恰好衙門裡封送了一件某日御門辦事的鈔來他算了算這日正是國子監値日因是御門的時刻比尋常較早他先一日便到海淀住下次日上去伺候御門事畢一時一班卿相各歸朝房早聽得大家在那裡紛紛議論說某缺放了某人某缺放了某人只這回的閣學缺放了乾清門翰林班又過了一個缺了他這纔知這個缺不會放着他得失之常一時心裡倒也不覺怎的候了一刻奏事的也下來了叫起見的單子也下來了他見不曾料着便同了一衆同寅散値回到外朝房吃飯將吃完飯只見一個軍機蘇拉進

來向他説烏大人打發蘇拉出來叫囘大人吃完了飯別散請到烏大人園子裡去有話説原來那時烏克齋已經進了軍機安公子聽得老師叫便忙忙的催着家人吃了飯辭了諸同寅到老師園子而來將進門恰好烏大人也散朝囘來一見他便滿臉是笑却又緊着雙眉説了句恭喜放了這等一個美缺安公子還只當是今日這個閒學缺到底放的是他先笑盈盈的答應了一聲是烏大人早他還沒事人兒似的便問難説你沒得信麼他這纔問老師説門生沒得甚麼信烏大人道我的爺你賞了頭等轄放了烏里雅蘇台的叅贊了只這一句安公子但覺頂門

上轟的一聲那個心不住的往上亂迸要不是氣嗓擋住險些兒不曾迸出口來登時臉上的氣色大變那神情兒不止像在悅來店見了十三妹的樣子竟有些像在能仁寺撞着那個和尚的樣子烏大人見他如此說道你先別慌偺們到裡頭去說說着一把拉住他進了兩重門一路過假山度小橋繞竹林穿花逕來到一處三間小小的精緻書房裡坐下早有家人送上茶來這位爺此時莫講想升閣學連生日都嚇忘了但聽他老師向他說道龍媒昔人有云讀萬卷書不可不行萬里路如你這等英年正是爲國宣力的時候作這盪壯遊也好只是這條路你走着

却大不相宜便怎麽好然雖如此聖人定有一番深意存焉老賢弟你倒不可亂了方寸努力爲之安公子這纔定了定神問道只不知門生怎的忽然有這番意外的更調不敢請示老師上頭提到放門生這個缺彼此是怎樣個神情烏大人道我要在跟前也好了向來放個要緊些的缺軍機見面時候上頭總有個斟酌今日烏里雅蘇台這件四百里報缺的摺子是軍機見面下來到的也不曾叫第二回不想摺子下來就夾下個硃筆條子來放了你了安公子聽了便站起來說道這實是格外天恩門生的家事老師盡知這個缺門生怎的倒去法怎生還得求老師

栽培門生想個方法挽回這事纔好說着便淚如雨下烏大人也太息一聲道龍媒這個何消你說但是此時已有成命如何挽回得來只好看機會罷如今且自預備明日謝恩要緊你的謝恩摺子我已經叫我們軍機處的朋友們給你辦妥當了明早并且就是他們替你遞你可想着給他們道乏說着便叫來個人兒呀當下見個小厮答應着進來烏大人道你把大爺的帽子拿進去告訴太太找找我從前帶過的亮藍頂兒大約還有就把我那個白玉喜字翎管兒擗下來再拿枝翎子你就回太太無論叫那個東仍仍合全好了拿出來罷那個小厮去了一刻一時

接得傳宣把出來烏大人接過去又給收拾了收拾便替
安公子戴上他謝了一謝這纔想起見師母來只見烏大
人扭了扭頭臉上帶着些煩煩兒的說道師母又犯了肝
氣疼了當下安公子只覺心裡還有許多話要說無奈只
他坐了這一刻的工夫便見他老師那裡住了這部裡書
稿便是那衙門請看摺子纔得某營請示挑缺又是某旗
來文打到接着便是造辦處請看交辦的活計樣子翰林
院來請閱撰文還有某老師交題的手卷某同年求寫的
對聯此外併說有三五起門生故舊從清早就來了却在
外書房等着求見安公子見老師實在公忙的狠不好再

往下絮煩只得告辭一路回到下處便忙着打發小厮回家回明太太併叫戴勤來打發他上山東稟知老爺忙了半日一宿無話次日起早上去謝恩頭起兒就叫的是他及至進去碰頭謝了恩聖人開口第一句便提的是記得他是某科從第八名提到第三名點的探花跟着降了幾句溫諭仍叫第二日遞牌子一時軍機大人下來他迎上去見大家又給他道喜說你見面甚妥有旨意賞加了副都統銜了等述下旨來換了頂子明日還得預備謝恩這位爺經這等一提又提的有些熱起來列公你看人生在世不過如此照非是破名利賺破聲色賺破玩好賺否則

被詩書賺被林泉賺被佛老賺自己卻又把好勝好
高好奇一切心去受一切賺一直賺到鞠躬盡瘁死而後
已只當不起一切不來賺他他便想上賺也無處可上那
便恝然不來了安公子此時纔遇着些小的一個釘子碰碰
此後正有偌大的一把棗兒嚼嚼你叫他怎得不熱鬧話
休提話轉三叉題回來再講安太太講到安太太這兩椿
件事真好比風中攪雪這回書又不免節外生枝列公便
好留心看那燕北閒人怎生替他安家止風掃雪這節成
枝出那身臭汗了卻說安公子赴園這日太太見老爺公
子都不在家恰好那兩日張親家太太又在家裡害鬁發

火眼那個長姐兒又犯了他月月肚子疼的那個病太太吃過早飯無事便合舅太太帶了兩個媳婦四家鬭牌看看鬭到晌午以後忽見張進寶帶了公子一個跟班的小廝叫四喜兒進來回說奴才大爺從園子裡打發人來回太太說奴才大爺賞了頭等轄放了烏里雅蘇台的恭贊大臣了安太太聽了只唬的扔下牌阿了一聲舅太太接着也道噯喲這是怎麼說金玉姊妹兩個裡頭那何玉鳳聽了烏里雅蘇台五個字耳朶裡還許有個影子只在那裡愣愣兒的聽到了張金鳳更不知這是山南海北還道怎麼也沒個報喜的來呢安太太此時是已經[illegible]得[illegible]

了只問着舅太太說這烏里雅蘇台可是那兒呀舅太太道咧姑太太你怎麽忘了呢家裡四大爺當日不是到過這個地方兒嗎安太太這纔想起來說道噯哟天爺怎麽把我的孩子弄到這個地方兒去了呢再說他好好兒的作着個文官兒怎麽又給個轄呢這不頂發了他了嗎這可坑死我了說着便眼淚婆娑的抽搭起來金玉姊妹兒婆婆這個樣子也由不得跟着要哭舅太太忙勸道你們娘兒三個且别儘管哭哇到底問問那個小子怎麽就會出了這麽個岔兒再外甥打發他來還有甚麽說的呀他只管是這等勸着他却也在那裡拿着小手巾兒擦眼淚

安太太這纔詳細問了問那個小廝他便把公子叫他回太太今日怎的在海淀辦措子預備明日謝恩不得回來并叫叫戴勤去吩咐他到山東去見老爺以至大爺還說叫告訴二位奶奶再打點幾件衣裳叫他帶回海淀去的話回了一遍太太一面吩咐去傳戴勤一面便叫金玉姊妹兩個回家去打點衣裳一時戴勤來了四喜兒取的衣裳包袱也領下來了太太便吩咐他兩個快去罷併說告訴大爺明日謝下恩來沒事務必就回家來見見我二人領命去後金玉姊妹兩個依就過上房來安太太見他姊妹兩個哭的眼睛紅紅兒的一個還不住的在那裡擦眼

淚自已不禁又傷起心來舅太太又說道姑太太你別儘着這麽着外甥是說是出口到底算升了一步兩三年的工夫也就回來了再說大喜的事這麽哭眼抹淚的是爲甚麽呢安太太未會說話先長出一口氣說道嗳大姐姐你那裡知道我這心裡的苦楚你沒見你妹夫是作了一任芝蔴大的外官兒把個心傷透了平日我們說起閒話兒來我只說了句偺們這就等跟着小子到外頭享福去罷你聽他這話麽頭一句就是那可斷斷使不得他說一個人教子成名是自已的事到了教得兒子成了名了出力報國是兒子的事這不是老子跟在裡頭攙得的一跟

出去到了外頭還是自已怎麼謹愼只衙門多着個老太爺便帶累的了兒子的官聲大姐姐你只聽這話別說是烏里雅蘇台無論甚麼地方還想他肯跟出小子去嗎他一個不出去我自然不好出去我不出去這個玉格我倒舍得甚麽原故呢一則呢小子也這麽大了再說旣是皇上家的奴才敢說不給皇上家出苦力嗎就只我這倆媳婦兒熱厮厮忽喇兒的一時都離開我我倒有點兒怪捨不得的說着又哭了招的兩個媳婦益發哭個不住舅太太是個爽快人看了這樣子便道你們娘兒們不是這麼個鬧法兒你瞧不是個家這不現放着倆媳婦兒呢嗎留一個去一

個一樁事不就結了也有煩兒三個儘着這麼鬧着哭的難道笑會子就算不上烏里雅蘇台了罷安太太那片疼兒女的心腸是既不願意自已離開兩個媳婦兒又不願意兩媳婦之中有一個離開兒子聽了這話只是搖頭不想這話倒正合了金玉姊妹兩個的意思你道爲何原來他兩個這陣爲難一層爲着不忍着看夫婿遠行一層也正爲着不忍離開婆婆左右並且兩個人肚子裡還各各的有一樁說不出口來的事一時聽了舅太太這話那何小姐性急口快便道娘這話也說的是那麼着我就在家里服侍婆婆叫我妹妹跟了他去張姐姐道自然還是姐

姐跟了他去好姐姐倒底比我有點本事兒道兒上走着還便利些兒這麼大遠的個道兒再帶上這麼個我越發叫他受了累了何小姐聽他這話說得近理一時找不出句話來駁他急的肚子裡的那句話可就裝不住了只見他把臉一紅低着頭說道瞧這妹妹你難道不知道我坐不得車嗎安太太聽了這話明白是何小姐有了喜了自已有信兒抱孫子了纔覺有些歡喜將要問他張姑娘肚子裡的那句話也裝不住了說姐姐這話姐姐坐不得車難道我又坐得車嗎列公你看這等一個扛七個打八個的何玉鳳你有來言我有去語的張金鳳這麼句嫁而後

着的話會鬧得嘴裡受了窩直挨到這個分際還是繞了這半天的彎兒借你口中言傳我心腹事話擠話兩下裡對擠纔把句話擠出來安太太聽得倆媳婦一時都遇了喜滿心歡喜只悔知道得晚了便說道你瞧瞧你們這倆人也有這麼個大喜的信兒會彆着不早告訴我一聲兒直到這時候彆得十分十沿兒了纔說出來的說着這纔問多少日子了一面又抱怨倆媳婦說這倆老東西怎麼也不先遞給我個信兒呢當下便要叫來發作他兩個幾句何小姐是怕他兩個得不是忙說他們上月就要上來回婆婆的我合妹妹商量想着知道是不是呢就吵吵索

興等過些日子再說罷誰知這個月倆人又都說到這裡臉一紅只瞅着張姑娘笑張姑娘也只剩了羞的扭過臉去暗笑安太太此時樂得只不錯眼珠兒的望着他兩個又囑咐說這可得小心點兒第一不許冷的熱的胡吃輕的重的混動走道兒總叫個人兒招呼着點兒倒得常活動活動正囑咐着只聽舅太太合他兩個說道怪事你們兩有個甚麼事兒從沒瞞過我怎麼這件事兩人都瞞嚴的這個分兒上呢安太太也說道兩媳婦兒呢還罷了還說臉上有個下不來我只可笑我們玉格這個傻哥兒眼看着這就要作哥兒的爹了也這麼傻頭傻腦的不言語

一聲兒正在一頭笑着忽然又把眉一挓就説站住先別樂大發了這一來偺們娘兒們不是都去不成了麼把我們這個傻哥兒一個人兒扔在口外去可交給誰呀這事情可不是更累贅了嗎説罷只綳了眉歪着頭兒在那裡獃想獃了半日忽然説道這可也就講不得了只好我跟了他去罷只求大姐姐合張親家母在家裡好好的給我招呼着我這倆媳婦兒金玉姊妹兩個聽得依然得離開婆婆更是不願意纔要説話早聽舅太太嚷起來了説道咻姑太太你這是甚麼話呀你把我留在你家招護着外姐姐使得你叫我合你們那個老爺怎麼過得到一塊子

呀他婆媳一悲這話果然行不去一爲難重新又哭起來這一哭可把舅太太哭急了說姑太太你們娘兒三個這哭的可實在揉人的腸子這麼着我合姑太太倒個過兒姑太太在家裡招呼媳婦我跟了外甥去這放心不放心呢安太太道也有這麼大遠的道兒怪冷的地方兒叫大姐姐你跟了去受罪我們倒在家裡舒服的舅太太道這也叫作沒法兒了哇安太太見他一副正經面孔便問大姐姐你這說的是真話呀舅太太道可不真話姑太太只想你我這個樣兒的骨肉至親誰沒用着誰的地方兒所說這個孩子我也疼他講到我了又是個一身無罣礙的

人別說烏里雅蘇台呀就叫我照唐僧那麼個模樣兒到西天五印度去求取大藏真經我也去了這又有甚麼要緊的安太太見他這等關切說真要這麼着我就先給姐姐磕頭這不但是疼孩子直是疼我了說着站起來跪下就要行禮倆媳婦一見連忙也跟着婆婆跪下慌得個舅太太連忙也跪下攙住安太太說妹妹你這是怎麼說說着他也哭了列公你看只安太太這一拜叫普天下作兒女的看着好不難過纔知老家兒待兒女這條心真真不是視膳問安昏定晨省就答報得來的却說舅太太攙住安太太又忙着拉起金玉姊妹來他姑嫂兩個一齊歸坐

安太太心裡這纔略畧的放寬了些叫了頭裝了袋烟來吃吃着烟兒忽然的又自言自語的說這還不妥當因合舅太太道這一來玉格他這個外場兒我算放了心了他那貼身兒的事情可叫我怎麼好哇舅太太問道姑太太說的怎麼叫個外場兒又怎麼叫個貼身兒呀安太太道類如他到了衙門裡過起日子來凡是出入的銀錢嚴謹個裡外邊至穿件衣裳的厚薄吃個東西的冷熱這些事情都算個外場兒如今我們娘兒們既不能去有大姐姐你替我辛苦這一盪好極了我也不說甚麼了講到他貼身兒的事倆媳婦此刻既不能去就說等分娩了隨後再

打發一個去這也不是甚麼一個半個月的事玉格到了那裡就拿每日早起給他梳梳辮子以至他夏天擦擦洗洗夜裡掖掖蓋蓋這些事無論大姐姐你怎麼疼他這也不是驚動得舅母的難道說一個娶了媳婦兒的人了還叫他那個嬤嬤媽跟在屋裡服侍他不成你說這可不是叫人沒法兒的事嗎這話舅太太卻不好出主意了只說了句有日子呢罷咧也只好慢慢的商量這個當兒這老姑嫂兩個只顧在這邊兒悄悄兒的說那小姊妹兩個卻在那邊兒靜靜兒的聽聽來聽去也不知那句話碰在他兩個心坎兒上了只見何小姐倆眼睛一積伶便笑將在

張姑娘耳邊嘁喳了兩句不聽得張姑娘說些甚麽却只見他不住的笑着點頭兒恰好安太太合舅太太說完了這話又回過頭來問着他兩個說你們倆自想想我這話處的是不是不承望這一回頭一眼正看見倆人在那裡打梯已的神情兒因說道你們倆有甚麽主意也只管說出來偺們娘兒們大家商量商量不好嗎何小姐聽婆婆如此說將要說話又望着張姑娘向外間努了個嘴兒那光景像是叫他瞧瞧外間兒有人沒人緊接着張姑娘走到屋門旁邊兒探着身子望外瞧了瞧回頭只笑着合何小姐擺手兒那神情像是告訴他外間兒沒人你道安太

大家許多了鬟僕婦外間兒怎得會一時沒人原來他們家的規矩凡是婆兒媳婦們無事都在廊下聽差其餘的了頭們一個長姑姑不在上屋裡早一邊兒說笑的說笑淘氣的淘氣去了因此一時無人金玉姊妹見沒人在外間他兩個這纔走到婆婆跟前悄悄兒的回道媳婦們却有個主意這話到不因着玉郎今日要出外去纔說起自從今年來見他的差使漸漸兒的多起來了往往一進城去就得十日半月的住着媳婦兩個又不好怪厭氣的一盪一盪的只是跟着來回的跑原想回回婆婆給他弄個服侍的人總沒得這個機會如今他既出外媳婦們兩個又

一時不能同去請示婆婆趁這個當兒給他弄個人跟了去外頭又有舅母調理管教這麼着使得使不得安太太聽了先點了點頭兒又搖了搖頭兒沉吟了一刻纔說道你們這麼年輕輕兒的心裡就肯送到這件事上頭雖爲你們倆但是你們只知道說弄人却不知道這弄人的難講究外頭叫媒人帶去不知道個根底只圖一時有個人使腿的臭的弄到家來那時候調理是別想調理的出來打發是不好打發出去不但你們倆得跟着糟心連玉格可也就受了大累了那可斷乎使不得這個樣兒的我看得多了要說就咱們家裡這幾個女孩子裡頭給他挑一

個背你們屋裡那個還是兩個糊塗小孩子呢我這兒的幾個裡頭不成個才料兒的不成才料兒像個人兒的呢又不合式你們倆說這會子可叫我忙忙叨叨的那兒給他現抓人去何小姐道媳婦們兩個心裡可到瞧准了一個只沒敢合婆婆提到這裡太太想了想說道哦我猜着了你們准是瞧上跟舅母那個丫頭的模樣兒了敢是好只是人家早有了婆婆家了倆人還沒及答言舅太太先搖頭兒說不是倆外外外姐姐知道他有人家兒了安太太納悶兒道這可罷了我了你們瞧准了的這個可是誰呢何小姐見問又往外看了一眼纔到婆婆耳邊悄悄兒的

回道媳婦們兩個纔說相准了的這個人不是別人就是伺候婆婆的長姐兒姑娘這個人要講他那點兒本事兒活計兒眼睛裡的那點精伶兒心裡的那點遲急兒以至他那個穩重那個乾淨都是婆婆這些年調理出來的不用講了最難得的是他那個性情兒只婆婆止這麼一個得力的人別的都是小事伺候婆婆梳這個頭是個要緊的再他又在上屋當了這些年差了可還不知媳婦們合婆婆討得討不得因此心裡只管相准了嘴裡總沒敢提太太纔聽完這話就笑道敢是你們倆想的也是他呢這件事在我心裡也不知過過多少過兒了你們兩纔

處的那兩個倒都不要緊打頭如今我這兒拿傘放放的
都是你們倆眞要到了没人兒了就叫你們倆打法我梳
梳頭又有甚麽使不得的呢再者還有張進寶的那個孫
女兒招兒合晉升的了頭老兒這倆如今也學着於上來
了到了别的事我綽總兒合你們說這麽句話罷這了頭
自從十二歲上要到上屋裡來以那年你公公碰着還支
使支使他到了第二年他留了頭了連個溺盆子都不肯
叫他拿甚至洗個脚都不叫他在跟前說他究竟是從小
兒跟過孩子的了頭你就知道你這位公公拘泥到甚麽
分兒上别的話更不用深分講了至於你們方纔說的他

那幾宗兒好處倒也不是假話這件事照這麼辦我心裡也儘有只我心裡還有好些爲難這個人得這麼個歸着也算我不委屈他只是我這位梅香他還有他娘的多少累贅不然我方纔爲甚麼說家裡挑不出個合式的來呢這話偺們娘兒們還得從長商量頭一件我覺着他只管說還大大方方兒的不貧不下流只是倒底是個分當罷人的孩子第二件他空有那麼個模樣兒身段兒我只說他那肉皮兒太黑翠兒似的可怎麼配得上我那個白小子呢第三件他比玉格兒大着好兩歲呢要鬧了臉顯着像個嬤嬤嫂子似的這是我心裡三宗不足處就讓都合

式沒這三宗不足你們只說這件事要合你公公這麼一商量能行不能行舅太太接口就說姑太太你纔說的那三層呀依我說都沒甚麼的眼下只要外甥兒出去有個得力的人扶侍他苗點兒就苗點兒黑點兒就黑點兒大點兒就大點兒那都不打緊說一定要等着合你們老爺商量他那個脾氣兒只怕吃個雞蛋還得挑四楞兒的呢那可怎麼想行得去呀安太太道這句話究竟還說可以想方法兒商量着碰去你還不知道呢我們這個長姐兒是在我跟前告了老永遠不出嫁的了他說他等着服侍我歸了西他還給我當女童兒去呢你說這時候要合他

說這個怎麼說得清楚啊舅太太道這是多早晚的事我怎麼不知道個影兒啊張姑娘道就是我過來那年舅母跟我姐姐在園裡住的那一程子的事麼那時候還有他媽呢我婆婆一進城就說他大了叫他媽上緊給他找個人家兒後來說了一家子他媽不是還帶了那個小子來請我婆婆相看來着麼張姑娘將說到這裡安太太說既是有個對證在跟前兒然叫你這一掰文兒倒像我沒見照着說評書也似的現抓了這麼句話造謠言呢因接着張姑娘方纔的話說道我還記得他媽說那個小子是給那一個鹽政鈔官坐京的一個家人叫作甚麼東西的個

兒子家裡狠過得我瞧了瞧那小子倒也長得渾頭渾腦的就只臉上有點子麻子我想着一個小子罷咧怕甚麽呢就告訴他媽等定個日子叫他們相看了頭來罷誰知他媽給他説這個人家兒没合他提過他這天知道了合他媽叨叨了倒有幾車話只説他媽怎麽没良心了又是怎麽主兒打毛團子似的擬弄到這麽大也不管主兒跟前有人使没人使這會子你們只圖找財主親戚就硬把我塞出去了連數落帶發作的就哭鬧成一處把他媽鬧得没法兒了説你就不肯出去也讓我回太太一句去呀他也不理他媽就跑了來跪在我跟前一行鼻子兩行淚

的哭了個不了就說了方纔我講的他那套糊塗話還說這一輩子刀擱在脖子上都使得也別想他離開我咧大姐姐你說這是他娘的苗子不是舅太太聽了只抿着嘴兒笑說道姑太太我可多不得這件事呀我只說句公道話這固然是這了頭的良心也是你素來帶他的恩典你可得知道你們那個了鬟可心高志大呼素來就講究個拿身分好體面愛鬧個酸欵兒你安知他不是跟着你這麽女孩兒似的養活慣了不肯低三下四的跟了那個蠢頭笨腦的奴才小子去呢金玉姊妹聽了這話齊聲說舅[illegible]說得是極了再還有一說人第一難得是彼此知

道個性情兒他宥正是從小兒合玉郎一塊兒混混大了的舅太太說好哇就是這話了這話我可是自說主意還得姑太太自已拿這位老太太心裡本正在又是疼兒子怕他没人又是疼了頭怕他失所一時聽了這箇有成無破的話想着這件一舉三得的事就把他們那位老爺是怎麽個難說話也忘了不由得說道你們娘兒三個這話也說得是就是這麽着纔說了這句下文還没說出來金玉姊妹兩個見婆婆應了樂得忙着跪下就磕頭安太太笑道啉你們倆先別磕頭啊知道我這個媒人作得成作不成呢這裡正說得熱鬧何小姐積伶一閃身子早從玻

璃裡看見那個長姐兒一步挪不了三指出了東遊廊門從台堦底下慢慢兒的往上屋走了來何小姐便合太太擺手兒太太看見悄悄兒道別提了看他聽見又合金玉姊妹道這話就只偺們娘兒四個知道別人跟前一個字兒別露就是玉格兒回來也先不用告訴他當下大家便將這話掩住不提且住長姐兒他既是犯了肚子疼在屋裡養病怎的又得出來既得出來大爺這麽個驚天動地的人出了這麽個驚天動地的岔兒遍地又都是他的耳報神他豈有不知道之理怎的又直到此時纔出來呢‖其中有個原故原來他方纔正合着桃仁杏花引子服了

姑子烏金丸擱在他屋裡就滲着了他這一滲着那班小了頭子誰也不敢驚動他直等他一覺睡醒了還是那個小嘎兒跑了去告訴他說長姑姑大爺要出外了只這一句他也不及問究竟是上那兒去立刻就唬了一身冷汗緊接着肚子摳着一陣疼不想氣隨着汗一開化血隨着氣一流通行動了行動肚子疼到好了些轉念想到大爺這一出去老爺太太自然斷沒不同出去的果然太太出去太太走到那兒還怕我不跟到那兒媽心裡又一鬆快便想起多少事由兒扎掙着出來將進門安太太還生恐他聽見些甚麼跑了來了便先問你好了嗎怎麼又跑出

來了他道奴才聽說大爺要出外了奴才想起來太太從前走長道兒的那些薄底兒鞋呀風領兒斗篷呵還都得早些兒拿出來瞧瞧呢再還有小烟袋兒咧吃食盒兒咧以至那個關防盒兒這些東西也還不記得在那兒擱着呢趁着老爺沒回來明兒個趁早兒慢慢兒的找找也省得臨期忙安太太道那兒呢偺們走還早呢你先裝袋烟我吃罷他便去裝煙不提到了次日安太太從吃早飯起就盼公子不見回來忽然聽得門上一陣吵吵便有家人來回說大爺賞加了副都統銜了安太太聽得兒子換上紅頂兒了喜有喜色只想着他明日還得謝恩今日自然

又不得回來了那知安公子豈止次日不得回來只從那日起便一連召見了八九次這纔有旨意賞了假叫他回家收拾他當日歸着了歸着次日起了個大早纔回到莊園合太太一見面兒娘兒倆先哭了個事不有餘大家勸住他便忙着到祠堂行禮纔把家庭這點兒禮節完了外頭便回吳侍郎來拜又是位老師不好不見接着就是三四起人來安公子一一送走了纔回到自已房裡換了換衣裳一切沒得開。談只見上屋裡一個小了頭跑來說太太叫大爺戴勤回來了公子合金玉姊妹連忙過去見戴勤正在那裡回太太話說老爺昨日往常新店叫奴才連夜遊回來告訴大爺不必遠接只在家候着老爺今日走得早大約晌午前後就可到家公子聽了重新去冠帶好了去到外面伺候遲了一刻便見隨緣兒先提回來回說老爺到快了少時老爺來到家門公子迎了幾步便在車旁跪接老爺在車上見他頭上頂戴珊瑚冠飄翡翠面上却也喜歡心裡却不免十分難過你看這老頭兒好扎掙勁先在車裡點頭說了句起來下了車便說道不想你竟也巴結到個五品大員趕上爺爺了比我強這纔不枉我教養你一場有話到裡頭說去罷公子也明知這是他父親安慰他的話只得陪笑答應這種笑那臉上的神氣卻

且哭還疼這個當兒便見褚一官陪褚安兩個過來謁見他兩個果然就照着鄧九公的話立刻跪倒請安口稱大人安公子雖說一時不好直受不辭但是一個欽命二品大員正合着三命而不齒體制所在也不便過於合他兩個紆尊降貴只含笑拱了拱手說了句路上辛苦便隨了老爺一路進來一時在家的家人叩接老爺跟去的家人又叩見公子正亂着張親家老爺合老程師爺也迎出來老爺應酬了兩句就托他二位管待褚陸兩個自已進了二門便見太太帶了兩個媳婦接到當院子裡來倆媳婦迎着請過安安老夫妻兩個還按着那老年的規牌子兒

彼此拉了個手兒那班僕婦丫鬟却遠遠的排在那邊跪安老爺都不及招呼見舅太太在廊下候着便忙着上前彼此問過好談了兩句一路風塵的話又問親家太太怎的不見張姑娘代說明了原故老爺一路進房坐下當下公子行過禮媳婦便倒上茶來此時自安太太以下都道老爺這一到家爲着公子出口定有一番傷感大家都提着全副精神應酬老爺看了看老爺依舊是平日那個汶詳樣子只不過問了問公子奏對的光景毫不露些張皇煩惱公子此刻却是有些耐不得了原來他自放下來那日起凡是此番該是從家裡怎的起身到那裡怎的辦事

這些事一時且不能打算到此只他那點家事幾個親丁心裡盤算不迭有萬轉千廻總盤不出個定見來第一件為難的是這等遠路不好請着父母同行待說把他兩個夫人留在家下替自己奉養又慮到任上內裡無人不成個局面否則兩個之中酌量留下一個偏又兩個一齊有了喜了不便遠行便是他兩個有喜的這節也還不曾稟過父母他好容易盼到今日回家正想把這話合金玉姊妹私下計議一番先討太太個示下然後等老爺回家再定不想一進門不曾消停一刻纔得消停恰巧老爺早回來了他此時見了老爺只覺萬語千言不知從何說起想

了想只得回道兒子受父母的教養正想巴結個升途奉了父母出去安享幾年不想忽然走了這條意外的岔路實在不得主意說着又行了個家庭禮兒屈了一膝說請父親教導他那眼淚却是掌不住了只聽安老爺吼了一聲說道怎的叫個走了這條意外的岔路我以爲正是意中之事你所爲意外者只不過覺道你從祭酒得了個侍衛不曾放得試差學政耳却不道這等地方不用世家旗人去却用甚麽人去用世家旗人不用你這等輕年新進又用甚麽人去且無論文章華國戎馬防邊其爲報効一也便說不然大君代天司命君命即是天命天命所在更

是係意外的岔路順天聽命安知非福你說討我的教導我平日合你講起話來言必稱周孔不知者鮮不以爲我立論過迂課子過嚴可知爲子爲臣立身植品的大經濟不外此那烏里雅蘇台雖是個邊地叅贊大臣雖是個邊臣大約也出不了周孔的道理至於你此行我家現有的是錢用多少儘你用只不可看得銀錢如土有的是人帶那個儘你帶只不必鬧得僕從如雲講到眷口兩個媳婦不消說是合你同行了太太要果然因子姑媳一時難離也不防同去只留我在家替你們作個守門的老叟料想還不悞事安老爺只管講了這半日話這段話却是拈着

幾根鬍子閉着一雙眼睛講的何以故呢他要一睜眼那副眼淚兒就掌不住了舅太太見安老爺這樣子便點點頭悄合安太太道這一當家你們這個家可就當成個家模樣兒了便聽安太太合老爺說道依我想這件事不必定忙在這一時玉格起身儘有日子呢老爺今日纔到家且歇歇兒索興等消停了斟酌斟酌究竟是誰該去呀誰不該去呀誰能去呀誰不能去呀再定規不遲要說請老爺一個人兒在家裡我就跟出他們去也斷沒那麼個禮我不出去又怕這倆媳婦兒萬一在外頭一時有個甚麼磕碰兒沒個正經人兒招呼他們我的意思還是請大姐

姑老爺們辛苦諸盡老爺還沒聽完這話便道阿一個何家媳婦已經勞舅太太辛苦這場此時這等遠行卻怎的好又去勞動舅太太說噯喲不用姑老爺這麼操心了姑太太早合我說明白了我左右是個沒事的人樂得跟他們出去逛逛既老爺見舅太太這等爽快向熱心下大悅連忙打了一躬說這個全仗舅母格外費心舅太太被安老爺累贅的不耐煩他便站起身來也學安老爺那個至誠樣子還了他一躬口裡說道這個愚嫂當得效力他打完了這躬又望着大家道你們瞧這那兒犯得上鬧到這步田地惹得大家無不掩口而笑都說安公子方纔聽老

爺那等吩咐正想把金玉姊妹現在有喜并自己打算不帶家眷留他兩個在家侍奉的話回明聽太太說了句老爺纔得到家先請歇歇兒便不好只管煩瑣如今卻又見他母親爺請了舅母同去心裡一想這一來弄得一家不一家兩家不兩家益發不便了登時方寸的章法大亂他那那裡曉得人家娘兒三個早已計議得妥妥當當了此偏是這個當兒老爺又吩咐他鄧九公差褚陸兩個來意思要跟他出去的那段話就叫他出去定奪行止他無法只得且去作這件事安老爺這裡便合大家說了說路上的光景講了講鄧九公那裡的情由緊接著[illegible]

了眾小厮忙着往裡交東西有的點交帶去的衣箱的有的點交路上的用帳的都在那裡等着見長姐兒姑娘此時只不見了長姐兒姑娘你道他此刻又往那裡去了這裡交代過的他原想着是大爺這番出外大爺走到那兒太太跟到那兒太太走到那兒他跟到那兒定了不想方纔聽得老爺一個不去連累太太也不去了眼下太太合公子竟要母子分飛他也謝三兒的窩窩剩下了登時心火上攻急了個紅頭漲臉又犯了那年公子鄉試等榜他等不着喜信見頭暈的那個病了連忙三步兩步跑到院子裡扶着柱子定了會兒神立刻覺得自已身上穿的那

件衣裳的腰褙肥了就有四指那個領盤兒大了就有一圈兒不差甚麼連圍腰兒都要脫落下來了他便合別的丫頭說道我怪不舒服的家裡躺躺兒去太太要問我就答應我作甚麼去了說着一路低着腦袋來到他屋裡抓了個小枕頭兒支着耳跟台子躺下只把條小手巾兒蓋了臉暗暗的垂淚他偏又頭兩天一時高興作了個抽繫兒的大紅氈子小烟荷包兒這日早起又托隨緣兒媳婦兒找人給安了根玉嘴兒湘妃竹桿兒的小烟袋兒爲的是上了路隨身帶着上車下店使着方便事有湊巧恰恰的這麼個當兒隨緣兒媳婦給他送了來一進門兒靜兒悄

悄的没個人聲兒叫了一聲大姐姐他聽見有人叫他這纔扎掙着起來問是誰呀隨緣兒媳婦一見他這個樣兒便問說大姐姐你好好兒的這是怎麼了哭的這麼着他嘆了口氣說道好妹妹你那兒知道我心裡的難受你坐下等我告訴你你瞧自從大爺這麼一放下來我就念佛說這可好了我們太太要跟了大爺大奶奶享福去了誰知叫這位老爺子這麼一折給折了個稀呼腦子爛你說這娘兒四位這一分手大爺大奶奶心裡該怎麼難受太太心裡該怎麼難受叫偺們這作奴才的旁邊瞅着肉燎不肉燎再者二位大奶奶素來帶我的恩典與我們娘兒們

怎麽離得開說着又把嘴撇的瓢兒似的隨緣兒媳婦明鏡兒也似的知道他姑娘合張姑娘有喜不能出去只因何小姐吩咐的嚴叫且不許聲張此時是不敢合他露一個字只說了句那兒呢還有些日子呢知道誰去誰不去呢就先把你哭的這麽個樣兒說完了放下烟袋去了他把那根烟袋扔在一邊兒躺下又睡却又睡不着只一個人兒在他屋裡坐着發愣上屋這裡只管一羣人等着他交代東西那班丫頭聽他方纔說了那句話又不敢去叫他恰好二位大奶奶都在上屋裡便看人一件件往裡收舅太太見這裡亂烘烘的便也回西耳房去安老爺見舅

太太走了這纔要脫去行裝換上便服安老爺的拘泥雖換件衣裳換雙靴子都要迴避媳婦進套間兒去換的只這個當兒老爺一面換着衣裳一面合太太提起剛話兒來說難得舅太太這等向熱不辭辛苦他小夫妻三個得這個人同去照應你我也就大可放心了安太太趁着一肚子的話此時原不要忙着就說因見老爺這句話提個機會再看了看左右無人只得兩個小丫頭子便把那兩個小丫頭子也支使開先給老爺一個高帽兒戴上說道可不是他自然也是看着老爺平日待他的好處只是如今他只管肯去了兩個媳婦究竟好去不好去倒得斟酌

斟酌爲甚麼我方纔說等慢慢兒商量呢老爺忙問道他兩個您的不好去太太滿面含[illegible]說道好叫老爺得知倆媳婦兒都有了喜了老爺說可樂不可[illegible]老爺聽了大喜說道這等說你我眼前就要弄孫了有趣有趣我[illegible]水心再要得教出兩個孫兒來看他成人益可上對祖父矣太太道老爺只這麼說世間的事可就難得兩全老爺只想倆媳婦這一有喜自然暫且不能跟了小子出去叫他一個人兒在衙門裡怎麼是個着落兒呀老爺道然則有舅太太去正好了太太道老爺道話又來了他舅母去也只好照管[illegible]大面皮兒呀到了小子自己身上的零碎事兒

怎麽好驚動長輩兒去呢所以我同倆媳婦兒爲這件事
爲了這幾天難總商量不出個妥當主意來依倆媳婦的
意思是想求我給他買個人帶了去老爺聽到這句纔要
綳臉太太便忙着說道老爺想玉格這麽年輕輕兒的頭
者屋裡現放着倆媳婦兒如今又買上個人這不顯着太
早些兒嗎我就說這斷乎使不得就扎着我這時候依了
你們這話要一個你公公你公公也必不准老爺說這話
是不是老爺道通啊太太這話是極所以叫作惟識性者
可以同居太太其深知我者也我常講的夫妻一倫恩義
至重非五十無子斷斷不可無端置妾何況玉格正在年

輕媳婦又都有了生子的信息此刻怎的講得到買人這句話上太太兒老爺的話沒一點活動氣兒便說道老爺不是說我說的是嗎我說可只管這麼說了想了想眞也沒法兒老爺想一個人家兒過日子在京在外是一個理第一件裡外的這道門檻兒得分得清楚玉格兒這一出去衙門裡自然得有幾個了頭女人就是他舅母也得帶兩個人去倆媳婦呢少說也得一年的光景纔能去呢這一年的光景他就這麼師爺也似的一個人兒伴着那班大些兒的女孩子合年輕的小媳婦子們類如拾掇拾掇屋子以至拿拿放放出來進去的可不覺得怪不方便的

嗎老爺是最講究這些的老爺自想想太太說到這裡只見老爺臉上按着五官都添了一團正氣說阿嚛太太你這一層慮的尤其深遠這倒不可不給他辦出個道理來却是怎樣纔好太太聽這話有些意思了又接着說道倆媳婦兒不放心的也是這個見我不准他買人就請示我說要不就在家裡的女孩子們裡頭挑一個服侍他罷我說你們倆瞧家裡這幾個了頭那兒還挑得出個像樣兒的來誰知他們倆說這句話敢則心裡早有了人了老爺道他兩個心裡這人是誰太太笑着照這麼看起來倆人倒底還是倆小孩子只見得到一面兒倆人只一個勁

兒的磨着我求我替他們合老爺說說要要偺們上屋裡的這個長姐兒老爺想這個長姐兒怎麽能給他們我只說這一個不能給你們哪你公公跟前沒人兒啊老爺一聽這句只急得局促不安說道阿太太你這句話却講得大謬不然了太太道我想着打頭呢那了頭是個分賞罪人的孩子又那麽漆黑的個臉蛋子比小子倒大着好幾歲可怎麽給他呢再者偺們這上屋裡也真離不開就拿老爺的衣裳帽子講向來是不准女人們合那一起子小了頭子們着手的如今有他經管着就省若我一半子心呢所以我就那麽回覆了倆媳婦兒了老爺道嗨此皆太

太不讀書之過也要講他的歲數兒豈不聞妻者齊也明其齊於夫也妾者接也側也雖按於夫而實側於妻也太太你怎的把他同夫妻一倫講起嫁娶的庚甲來況且女子四德婦德婦言之後纔講得到婦容何必論到面目的黑白上太太道這麼說他是個貴州苗子也沒甚麼的老爺道太太你就不讀書難道連舜東夷之人也文王西夷之人也這兩句也不會聽得講究過如今你不要給兒子納妾倒也罷了的既要作這椿事自然要個年紀長些的纔好責成他抱衾與裯聽雞視夜況且我看長姐兒那個妮子雖說相貌差些還不失性情之正便是分賞罪人之

子何傷又豈不聞罪人不孥乎這話還都是末節而又末節者也太太你方纔這話講的還有一層大不通處你却不想這長姐兒原是自幼伺候玉格的從十二歲就在上房當差現在摽梅已過如今兩個媳婦旣這等求你向我說我要苦苦的不給他却叫他兩個心裡把我這個公公怎生綴敠此中關係甚大太太你怎的倒合他們說我限前沒人起來豈不大謬安太太未曾合老爺提這件事本就揑着一把汗兒心裡却也把老爺甚麽樣兒的左縫眼兒的話都想到了却斷沒想到老爺會往這麽一左這一左倒誤打誤撞的把件事左成了一時喜出望外雖然諂

笑老爺迂腐的可憐却也深服老爺正派的可敬而想想又怕夜長夢多遲一刻兒不定老爺想起孔夫子的那句話合這件事不對岔口兒來又是塊糟連忙說道老爺說的關係不關係這些話別說老爺的爲人講不到這兒就是倆媳婦兒也斷不那麼想總是老爺疼他們既是老爺這麼說等閒了我告訴他們就是了老爺道太太你怎的這等不知緩急這句話旣說定了那長姐兒怎的還好叫他在上房待得一刻太太笑道老爺這又來了那兒就至於忙得這麼着呢再者玉格兒那孩子那個嚮牛脾氣這句話還得我先告訴明白了他就是那個丫頭也是他娘

的個拐棒子太太這裡話還不曾說完老爺就擱頭說道阿太太說那裡話這事怎由得他兩個待我此刻就出去幫太太辨起來說着出了屋子就叫人去叫大爺大奶奶且作照這段書聽起來這位安老孺人不是竟在那裡玩弄他家老爺呢麽這還講得是那家性情不然也世間的婦女要諸事都肯照安太太這樣玩弄他家老爺那就算那個老爺修積着了這話却不專在給兒子納妾一端上講此正所謂情之僞性之眞也且自擱起老生常談切莫躭悞人家好事却說安太太見老爺立刻就要叫了兒子媳婦來吩咐方纔的話一時慮到兒子已經算個死心眼

兒的了他那個乍鬆又是個一沖的性兒儻然老爺合他一說他依然說出刀擱在脖子上也不離開太太那句話來那怎麼好便暗地裡叫人去請舅太太來預備作個合事人恰好舅太太正在東院裡合金玉姊妹說話聽得來請便合他姊妹說道莫不是那事兒發作了他娘兒三個便一同邀來安太太一見便合舅太太說大姐姐來得正好那句話我合你妹夫說明白了回頭便告訴倆媳婦說你公公竟把他賞了你們了快給你公公磕頭罷金玉姊妹兩個連忙給老爺太太磕了頭站起來只說得句這實在是公公婆婆疼我們便見公子從二門外進來安老

爺見了公子先露着望之儼然的一臉嚴霜凛凛不提別話第一句便問他道你可知子事父母合婦事舅姑這樁事是不得相提並論的公子聽了一時摸不着這話從那裡說起只得含糊答應了個是這纔聽他父親說道兩個媳婦遇了喜他自巳自然不好合我說怎的這等宗祧所關的一樁大事你也不曉得預先稟我一句這也罷了只是他兩個此刻既不便遠行你這番出去倒得說到這句又頓住了安太太大家聽這話頭兒底下這一轉自然就要轉到長姐兒身上了都靜靜的聽着要聽老爺怎麽個說法誰知老爺從這句話一岔就居喇居喇合他說了一

套滿州的公子此時夢也夢不到老人家叫了來吩咐這麽一段話躊躇了會子也番着滿州話回了一套一邊向着老爺說却又一邊望着太太臉上看那神情好像說的是這個人他母親使着得力如今自已不能在家侍奉怎的倒把母親一個得力的人帶去服侍自己呢彷彿是在那裡心裡不安口裡苦辭的話却又聽不出他說的果是這麽段話不是只見老爺沉着臉說了句阿那他喇博珠窩公子聽了仍在絮叨老爺早有些怒意了只咧了一聲就把漢話急出來了說你這話好不糊塗我倒問你怎的叫個長者賜少者賤者不敢辭太太這纔明白果然是他父

子在那裡對盤起四方眼兒來了便說道玉格這孩子真個的怎麼這麼搵啊你父親既這麼吩咐心裡自然有個道理你就遵着你父親的話就是了且先鬧這些累贅公子見母親也這麼說只急得滿臉爲難說兒子怎麼敢搵其如兒子心裡過不去何安老爺聽了益發不然起來便厲聲道這話更謬然則以父子之心爲心的這句朱註是怎的個講法不信你這參贊大臣連心都比聖賢高一層公子一看老人家這神情是番了嚇得一聲兒不敢言語這個當兒再沒舅太太那麼會凑趣兒的了說道我瞧着也難怪他也不是這些個那些個的共總阿哥[illegible]是撈

皮兒再拉不下臉來磕這個頭還是我來罷説着坐在那裡一探身子拉住公子的胳膊説不用説了快給你們老爺太太磕頭罷公子被舅母這一拉心裡暗想這要再苦苦的一打墜⿰阝古⿰阝豕兒可就不是話了只得跪下謝了老爺老爺這纔有了些笑容兒説道這便纔是公子站起來又給太太磕了頭老爺又道難道舅母跟前還不値得拜他一拜麽太太也説這可是該的底下仗着舅母的地方兒多着的呢公子此時見人還沒收成上先滿地這一路拜四方一直的拜到舅母家去了好不爲難只是廹於嚴命不敢不遵只得又給舅母磕了個頭便聽老爺拿着條沉

顛顛的正宮調嗓子叫了聲長姐兒呢外間早有許外丫頭女人們接聲兒答應說叫去按下這裡不表再說長姐兒卻說他在他那間屋裡坐着發了會子愣只覺一陣陣面紅耳熱躺着不是坐着不是一時無聊之極思拿起方纔安的那根小烟袋兒來抽了抽其通非常又把作的那個大紅氈子抽繫兒的小烟荷包兒裝上煙拿小火鐮兒打了個火點着了刁着煙袋兒靠着屋兒門一隻脚跐在門檻兒上只向半空裡閑望正望着忽見一個喜鵲飛了來落在房簷上對着他撅着尾巴喳喳喳的叫了三聲就往東南飛了去了他此時一肚皮沒好氣衝着那喜鵲呸

他嚇了一下說聽吖的是你娘的甚麼呀正說着又見一個東西從廊簷上直掛下來搭在他額腦蓋兒上嚇得他連忙一把抓下來一看却是個喜蛛兒正看着又是那個小喜兒跑來說道姑姑哇你瞧了不得了老爺那兒嘰嘲哇喇的番着滿州話合大爺生氣大爺直橛橛的跪着給老爺磕頭陪不是呢他聽了這話心裡赫的一聲立刻連手脚都軟了連忙擱下烟袋拿起半盌兒涼茶來漱了口漱纔待上去打聽打聽只見一個女人迎頭跑來一疊連聲兒的說老爺叫他此刻正因老爺躭悮了他的事心裡有些不大耐煩老爺聽得叫他一面叨叨說老爺好好兒

的又叫我作甚麼呢一面便梗梗着個脖子往上屋裡來將來到上屋只見舅太太合老爺太太一處坐着大爺二位奶奶都在跟前侍立幾個大小丫頭也一溜兒伺候着外間還有許多女人們在那裡聽差黑壓壓的擠了半屋子他將進屋門兒太太就告訴他說老爺這兒叫你有話吩咐你呢聽着他又往前走了兩步便聽老爺吩咐道你大爺現在出外你二位大奶奶同時過喜不便坐車遠行大爺身邊一時無人伺候你二位大奶奶在我跟前討你去給大爺作個身邊人我因平日看你也還穩重再又是自幼兒伺候過大爺的如今就給你開了臉叫你服侍了

從此以後你都要知你二位奶奶的恩典聽你二位奶奶
們教訓刻刻知足自愛不然你可知道子妾合兒媳不同
我是有家法的安太太一旁聽了這話又怕決撒了事情
又怕委屈了了頭正要把老爺方纔這話從頭兒款款兒
的說一遍給他聽只見他也不說長也不說短也不磕頭
也不謝拜只把身子一扭搭靠在一扇隔扇跟前拿絹子
握了臉就嗚兒嗚兒嗚兒的放聲大哭起來了安太太生
怕老爺見怪忙道了頭不許這是怎麼說老爺這兒吩咐
你話麼怎麼不知道好好答應呢無論你心裡怎麼委屈
也是等老爺吩咐完了慢慢兒的再同呀也有就這麼長

號兒短號號兒哭起來的這可不像樣兒了金玉姊妹素日本就待他最好此刻見是他們屋裡的人了越覺多番親熱倆人只圍着他悄悄兒的勸他呱咭說你瞧老爺太太這個樣兒的恩典又是這麼大喜的事你還有甚麼委屈的地方兒呢有甚麼話只好好的說快別哭了他娘兒三個當下就這等一遞一句的勸了個不耐煩鬧了個不耐煩無奈這裡只管說破唇皮萬轉千迴不住口兒的鬧他那裡只咬定牙根一個字兒沒有不住聲兒的哭列公你道他這一哭可不哭得來沒些情理麼却不道其中竟自有些情理豈不聞語云人各有志不可相强便是婦人女

子的志向也有個不同有的講究個女貌郎才不辭非我非鳳的就有講究個穿衣吃飯只圖一馬一鞍的何況這長姐兒還是從前因爲他媽給他擇婿決意不嫁説過這一輩子刀擱在脖子上也休想他離開太太甚至太太日後歸西他還要跟了當女童兒去的個人呢要據他這番志向而論莫講是安老爺吩咐要把公子安龍媒給他作乘龍婿便是佛旨綸音要把他送到龍宫去作個龍女也許萬兩黄金買不動他那個不字兒話雖這等説但是他果然要不鼻子底下帶着嘴此時正不妨大庭廣衆侃侃而談請老爺看看他這個心是何等的白日青天聽聽他

這段話是何等的光風霽月便是老爺又其奈他何怎的就委屈到一個字兒沒有只不作聲的哭起來這個情理又在那裡呢噫嘻原來他這副眼淚不是委屈出來的正是感激出來的你道感激怎的倒會感激的哭起來在從的如果不信只看在朝的那班大臣偶然遇着朝廷施恩放個好缺那謝恩摺子裡必要用感激涕零這四個字這長姐兒心裡想想這個缺想了也不是一天半天兒了苦的是想不到手待說仗着上頭平日待的那點分兒借着告奮勇求個恩典說奴才情愿巴結這個缺其實不是個甚麼一巴結得的缺一時又求不出口不想正在個想不到手

求不出口的當兒夢也夢不到老爺忽然出其不意的當着闔家大衆冠冕堂皇這麽一破格施恩恰恰的放的這個缺正是他平日想不到手求不出口的那個好缺人能沒個天良這有個不感激到二十四分的嗎感激的過了頭兒了那涕零自然也就過了頭兒了所以他就鳴兒鳴兒鳴兒的放聲大哭起來了這正是個天理人情人家心裡正在那裡一團的天理人情感激還感激不過來呢旁邊兒的人只一個勁兒的問他說有甚麽委屈這句話卻咩他怎的個答應法所以只急得他心裡好像十五個吊桶打水七上八下一時越着急越沒話越沒話越要哭只

是安老爺那個方正脾氣那裡弄得來這些勾當見他這樣登時勃然大怒把棹子一拍喝道唗你這娘子怎的這等不中抬舉我倒問你你這委屈安在他見老爺動了氣了當下從着急之中未免又上點害怕心下暗想說這一來倒不好了別的都是小事老爺那個天性倘然這一番臉要眼睜睜兒的把隻煮熟了的鴨子給鬧飛了那個怎麼好俗語說的過了這個村兒沒這個店兒我這一輩子可那兒照模照樣兒的再找這麼個雪白粉嫩的大河鴨子去他想罷便連忙跑到老爺跟前雙膝跪倒說求老爺先别生氣容奴才慢慢兒的回聖明不過老爺老爺替奴

才想想老爺施的這事甚麽樣兒天高地厚的恩奴才打那頭兒說的上委屈來就算老爺委屈了奴才罷主兒就是一層天天牌壓地牌的事奴才就委屈又敢說甚麽要老爺還在那裡瞪着雙眼睛問他說然則你哭着何來呢他被老爺這一問越發說不出個所以然來只偷眼瞅着太太瞅了半日這纔抽抽搭搭的說道奴才糊塗是這一跟出去別的没甚麽奴才怪捨不得奴才太大的呢你瞧人家原來是爲捨不得太太所以如此至於那層兒敢則是不勞老爺費心他心裡早打算到這一跟出去上頭了只是這句話人心隔肚皮旁人怎猜得透倒累老爺發了

這場大怒太太枉着了會子乾急好在他老夫妻二位的性情都吃這個老爺聽了這話立刻怒氣全消倒點了頭望着太太說道照這等看起來他這副眼淚竟自是從天性中來的倒也難得太太這個當兒是聽他說了句捨不得太太早已眼淚汪汪的那兒從袖口兒裡掏小手巾兒擦眼淚一面又要手紙䊀鼻子聽老爺道等說便勉强笑道甚麼天性啊竟是他娘的在這兒糊塗蠻纏騷攪呢因又望着他說這一來不是纔如了你的願一輩子不離開我了嗎可還哭起是他娘的甚麼呢却說長姐兒此時是好容易在老爺跟前把一肚子話倒出來了不哭了及至

方纔見太太這一哭又惹得他重新哭起來你道他這一哭又爲甚麼原來他心裡正想到二位大奶奶只管是這麼討了老爺只管是這麼賞了我的話可也只管是這麼說了可還不知我們這位老佛爺捨得放我捨不得放我呢及至見太太一哭他只道果然是太太捨不得放他似得這事還不大把穩又急得哭起來緊接着聽太太後來這兩句話他纔知敢是太太也有這番恩典心裡一痛快不覺收了眼淚噗的一笑立刻就就不暈了心寬體胖渾身的衣服也合了折兒了金玉姊妹兩個見了滿心歡喜便叫他站起來帶他給老爺太太磕了頭他這一樂樂得

忙中有錯爬起來慌慌張張的也給舅太太磕了個頭舅太太說道夠你這孩子可是迷了頭了這又與我甚麼相干兒呀他一面磕着頭嘴裡還說都是一個樣兒的走了舅太太聽了好不歡喜那知他這個頭磕的一點兒不迷頭他心此時早想到此番跟了舅太太出去是個耳鬢廝磨先打了個小大姐兒裁穊子閒時置下忙時用的主意呢話休饒舌却說安太太見他給舅太太磕過頭便叫他給公子磕頭他答應了一聲早花飛蝶舞一般過去朝着公子插燭也似的磕下頭去公子此時一來心裡不安二來有些發赸三來也未免動了點兒賢賢易只滿臉週身

鬧了個難的神情兒共總沒得甚麽話那長姐兒早[illegible][illegible]了頭站起來他此時也用不着老爺太太再說了便忙過去給二位大奶奶磕頭他姊妹兩個受完了一個人拉着他一隻手說道這可是老爺太太的恩典你往後可得好好兒幫着我們孝順老爺太太這一出去再好好兒的服侍大爺老爺太太就更喜歡了當下安老爺便望着兩個媳婦指着長姐兒說道這妮子從此便是你們屋裡的人了你兩個就此帶他去罷太太一聽老爺這話急了忙說老爺這是甚麽話呀倒底也讓我給他刷洗刷洗扎裹扎裹再者也得瞧個好日子也有就這麽個樣兒帶了去的

無奈老爺此時只說這個丫鬟旣然給了兒子立刻就算有了名分了在此不便太太急得沒法兒又不好無端的倒把他攆到下屋裡去正在為難便聽舅太太笑道這麼着罷叫他先跟了我去罷連沐浴帶更衣連裝扮帶開臉這些零碎事兒索興都交給我不用姑太太管了你們那天要人那天現成因指着何小姐笑道不信瞧我們那麼去的作事走馬成親一天也辦完了這算了事了說着就把烟袋遞給長姐兒站起來望着他道走罷跟了我去長姐兒一瞧這光景心下大喜暗說再不想方纔我們打諒[illegible]真果然落下了秋風墜下了雨眞是

人家說的有棗兒也得一竿子沒棗兒也得一竿子試試再不錯他心裡只顧這等想着也不會聽得太太怎樣吩咐只趁接烟袋這機會搭赸着伸手攙上舅太太就跟過西院去了不提却說金玉姊妹自從那日探明婆婆口氣之後暗中早把他家那位新人一應粧新的東西辦妥如今見事成了閒中便把這話回了婆婆把個安太太樂的說道你瞧你們倆這個急急法兒這要我那天一說萬一你公公有個不准別怎麽好列公你看這位老孺人這句話說的好不猷氣這樁事那安水心先生怎的會有個不准假如他果的不准別的莫講長姐兒那副急淚可不枉

流了燕北閒人這身臭汗可不枉出了閒話少說却說過了兩日擇定吉期舅太太早把長姐兒粧扮好了叫金玉姊妹帶過來謁見老爺太太只見他戴着滿簪子的鈿子穿一件紗綠地景兒襯衣兒套一件藕色紵絲氅衣兒罩一件石青繡花大坎肩兒上還帶了些手串兒懷鏡兒等等掐褙裡又帶着對成對兒的荷包鬢釵窸窣手釧鐲鐲的站在那裡安太太看了半日便合老爺說道老爺瞧我打扮起來也還像個兒呀老爺只點點頭金玉姊妹兩個只要只要討公婆喜歡又附和着太太問老爺道公公白瞧他這一開臉瞧着也還不算黑不是偏遇着他這位死

心裡說我公公素日說話一字字都要拋磚落地的便道黑怎說得不黑不過在德不在色罷了這黑白分明上却是含混不得說話間舅太太也過來了恰好這日張親家太太眼睛好了也出來了都給安老夫妻道過喜大家歸坐金玉姊妹便叫人鋪下紅氊子帶新人給老爺太太行禮太太先說孩兒阿我今兒個可只好先受你個空頭兒了我有些東西要給你現在忙叨叨的等有了趕身的日子再說罷如今先把這個活的兒給你說着便叫喜兒呢只見那小丫頭子也擦了一臉怪粉戴着一腦袋通草花兒又換了件新紅布襖笑嘻嘻的跑過來太太便望着長

姐兒道我想着你這一過去手底兒個人兒撥弄着使你招護了他一場就叫他跟了你罷長姐兒更不想到此時水長船高不會吃點苦中苦早得修成人上人一時好不興致連忙又給太太磕了個頭太太因滿臉陪笑望着老爺說難道老爺就不賞人家點兒甚麼嗎老爺說有在這裡吾夫子有云必也正名乎名不正則言不順他這一跟出玉格去進了衙門須要存些體統却不便只管這等長姐兒長姐兒的叫他了我如今看他素日這穩重上賞他個名字就叫他作烏珍烏珍者便是滿州話的個重字因合他說道你從此益發該處處曉得自重纔是太太聽了

要[illegible]蘭哥便吩咐大家此後都稱他作珍姑娘這句話一傳下去那些男女大小家人便都凑齊了上來給老爺太太爺奶奶叩喜叩完了喜並說請見見珍姑娘珍姑娘這一見除了那幾個陳些的家人只嘴裡說聲姑娘大喜之外其餘如平日趕着他叫姑姑的那些了頭小厮不用講了還有等雖不叫他姑姑却又不敢合他公然敘姐妹更不敢官稱兒叫聲大姑娘只指着孩子們也叫聲姑姑的那班小媳婦子老婆兒們一個個立刻都上前跪倒請安內中便有幾個有點分兒不須如此的不禁不由的也要搭趔着蹲蹲腿兒大家沒見他以前只說主兒素來待他

的那個分兒今日又是大爺的姨奶奶了這一見不知他要大倒甚麽分兒上去呢那知不然人家照舊是嬸子長大娘短姐姐親妹子熱的不離口并且比向來倒格外加了些親香和氣到了兩個嬷嬷跟前前兩天還不過一例兒的叫聲戴嬸子華太太今日這一見甚至立刻自已就矬了一輩子改了字兒一口一個嬷嬷奶奶嬷嬷老老了這裡禮節已畢金玉姊妹兩個便回明婆婆要帶他到舅太太那邊行了禮還要過張親家太太那裡去舅太太先攔說使不得先把你們家這點禮兒完了着張太太也說二位姑奶奶罷呀他這望後來也會那紅紙二房也似價

的頭再說咧你姐兒倆還這麼賢良呢也有我大夥兒倒合他黑母雞一窩兒白母雞一窩兒安太太聽親家太太這套話可實在費解到了頭兒了生怕又惹出舅太太的頑笑話兒來便說這話也說的是恭敬不如從命索興等過了今日再叫他過去磕頭倒是趁這個好時辰你們帶他家去受頭去罷說着便派了兩個齊全女人又叫了華戴兩個嬤嬤來招護着他跟舅太太的人也幫着照應他的隨身東西那個小喜兒就張羅他們珍姑娘的烟袋荷包金玉姊妹又叫他見見老爺太太再走他這一見却不由的一陣心酸只望着太太含了兩胞眼淚只這兩胞眼

淚却只是捨不得太太了不可埋沒了人家的眼淚當下二位大婦前行一個小星隨後後面還圍着一大羣僕婦丫鬟簇擁着他往東院而去這一走不但那班有些知識的大丫頭看了他如成佛昇仙還有安太太當日的兩個老陪房此時早已就白頭蹼躨的了也在那裏望着他點頭咂嘴兒說道嘖嘖噯你瞧人家這纔叫修了來的哪話休饒舌却說一時到了東院安公子夫妻歸坐受禮他三個自然各有一番教導勉勵的正經話都不須煩瑣一時珍姑娘磕完了頭起來見公子那頭摘帽子他便過去接帽子撣帽子架帽子蓋帽子又張羅給二位奶奶裝烟倒

茶打發換衣裳服侍洗手一進門兒把跟前的這點兒差使地陀羅兒似的當了個風雨不透還帶着當的沒比那麽擱當兒得椽兒是勁兒二位奶奶此時看着已是心滿意足了那知人家還有過節兒的只見他來到外間兒在他那隨身包袱裡拿出個小紅包兒來打開鼓搗了又向花鈴兒柳條兒兩個叫了聲好姑娘你給我找倆托盤兒來呢那兩個答應着就忙給他拿了倆匣屜兒來他便把那分東西擺好了兩手托着進來走到二位奶奶跟前跪下說這是奴才給二位奶奶預備了點兒糙活計金玉姊妹接過來一看只見上盤兒裡托着是一雙大紅緞子平

金釘花線兒卍字錦地扣百蝠流雲三寸半底兒的滿帮着旗裝雙臉兒鞋合一雙魚白標布襪子併一個大紅氈子堆爪陡綿綿花樣的大底兒煙荷包那一盤兒裡是一雙大紅緞子搯金拉雙線鎖子如意錦地加四季長春過橋高底兒的漢裝小鞋兒合一副月白緞子鑲沿褲腿兒幷一個絳色滿塡帶子夔龍獻壽花樣天蓋地起牆兒的檳榔盒兒只這件活計大約是他特爲東屋裡大奶奶不會吃煙想空了心纔膋出來的倒西洋法子此外還有一對挑胡椒眼兒上加喜相逢的扣花兒雞心荷包却是一對兒分在兩盤兒擺着當下就把他姊妹兩個樂得笑吟

吟的說道你瞧你何必還費這個事呢因又一様一樣拿起來細看何小姐便合張姑娘笑道活計兒是不用說了我納悶兒他跟着婆婆一天到晚不得倆閒空兒淵甚麼工夫給你我作這些針線他聽便笑嘻嘻的說道這點兒糙活計實在算不得個甚麽奴才想着二位奶奶待奴才這番恩典奴才有大造化怎麽配所以纔親手兒作了兩雙鞋二位奶奶穿着就算踹着奴才呢也省得奴才自已折了福去列公想世間的人說話要都照這麽個說法兒對面兒那個聽話的聽着心裡有個不受用的麽這怎麽會得罪得了人只是替這位珍姑娘算算他的紅鸞星纔

動了沒兩天兒這幾件活計他是甚麼工夫作的便說他平日好用個心兒會行個事兒早就作下預備着的請教連影兒都沒夢見的事他心裡是從甚麼時候怎麼一下子就曾送到這上頭了其理殊不可解這要作以春秋之筆此小就大發推敲只是不過幾句閒人夢話何須苦苦推敲他去如今剪斷殘言言歸正傳却說金玉姊妹當晚便在自巳屋裡給公子備了一席小酌公子本在個染指點金金滴液投懷倚玉玉投香的溫柔鄉中忽然眼前又添了這個一個俏丫鬟雖說不得白人之白也猶白馬之馬恰趁他個髫年伴侶他偏一段閨房佳話只是他此時

一心的怕上烏里雅蘇台那有閑情到此因此酒在肚裡事在心裡不肯多飲只吃了幾盃便叫收拾過了當下金玉姊妹便一個扶着敷粉郎君一個攙了堆鴉俏婢送他二人雙雙就寢這段書交代到這裡要按小說部中正不知該有多少甚麽如膠似漆似水如魚的討厭話講出來這部兒女英雄傳却從來不着這等污穢筆墨只替他那個點竄刪改了前人兩聯舊句安公子這邊是除却金丹不羨仙曾經玉液難爲水珍姑娘那邊便是但能容妾消魂日便算逢郎未娶時如斯而已這話且自按下不表却說安公子好端端的一個翰苑清班忽然改換頭銜要到

遨庭還戍他這番不得意且無論頭上那個花紅頂兒解不動他的牢騷就眼前這個墨玉人兒也提不起他的興致只是無論他怎的不得意也却不掉他那些老師同年以至至戚相好的話別餞行這班人自從他見面賞下假來那日早以紛紛具帖來請這其中也有在戲莊子上公餞的也有在家裡單約的安公子也只得強整精神一一的應酬過到倘然在家空閑兩日又得分撥家事整理行囊再加上人來客往道乏辭行轉眼間早巳假期將滿安老爺便叫他看個吉日先請安陛辭陛辭的頭一天公子因要赴園子去住好預備第二天遞摺子便換上行裝上

來講兒父母老夫妻一向只那等忙碌碌的張羅兒子起身心頭口頭時刻有椿事兒混着倒也罷了如今見他這一着行衣就未免覺得離緒滿懷安太太望着他先自有些難過老爺因他次日還要預備召見便催說你就去罷有甚麽話都等陛辭下來再說不遲公子也明白他老人家這番意思只得答應一聲無精打彩告辭而去這裡安太太隔着玻璃望着他的後影兒早不覺滴下淚來安老爺浩歎一聲勉強勸道太太消長盈虛天地之至理離合聚散人事之常情世間那有個百年厮守的人家一步不跌的道路太太你想的這等不達太太聽了只含淚點頭

不語此刻正用着媳婦說話解勸公婆了無如金玉姊妹兩個心裡那種難過也正合他公婆相同再加見了公婆這等樣子他兩個心裡更加難過怎的還能相勸舅太太只管是個善談的只看着這個最合式的小姑兒合兩個最親熱外甥媳婦眼前就要離別也就夠難過的了自然也不能相勸此外張親家太太是個不善辭令的那位珍姑娘雖然這一向有個正經事兒也跟在裡頭嘮叨兩句兒又無如這樁事他一開口總覺得像是抱着個不哭的大白鴨子只說現成兒話因此只管一屋子人只大家對愣着如木雕泥塑不則一聲兒正在靜悄悄的忽聽得珍

姐姐嚷了一聲說大爺怎麽又跑回來了大家聽了連忙望外一看果見公子忙兆兆的從二門外跑進來忙着跑的把枝翎子也甩掉了又見他後面還跟了一羣小廝緊接着見張親家老爺也跟進來只在後面叫說姑爺站住翎子甩掉了快戴上他便道不要了安老爺見這樣子隔着窗戶就高聲問道怎麽了忙道如此落下甚麽了他道沒落下甚麽向父親我不上烏里雅蘇台了老爺便問說不上烏里雅蘇台去却上那裡去他又道上山東老爺問上山東作甚麽公子早跑進屋裡來一時忙得連話都不及回只從懷裡掏出一封信來呈給老爺說請父親看道

封信就明白了安老爺百忙裡也不及招呼張親家老爺只一面伸手接信一面問道又是甚麼信安太太聽了只覷着雙眼綳着個眉尖在裡頭說道噯喲佛爺怎麼又上山東呢你瞧瞧這到底都是些甚麼事情呀說着便站起來跟着舅太太張太太也站起來連金玉姊妹合珍姑娘以至他家那班有些頭臉的婆兒媳婦合幾個大些的女孩子一時上上下下亂亂轟轟擠了一屋子人裡三層外三層把老爺合公子圍了個風雨不透都擠着要聽聽這到底是怎麼一樁事這一擠擠得張家老爺沒地方兒站沒法兒一個人兒溜出去了你看此時可再沒比安水心

先生那麼安詳的了他接過那封信去且自不看先拿眼鏡兒又擦眼鏡兒然後這纔戴上眼鏡兒好容易戴上眼鏡兒了且不急急的抽出那封信來看先自細看那封信信面上的字他見封信是高麗紙褙得極嚴密的一個小小硬封籤子上上寫道是伴瓶室主人密啓下手是另有一行字寫着靈鵲書屋手緘轉過背面看了看又見圖書密密花押重重老爺是個走方步的人從不曾見過這等鬼鬼祟祟藏頭露尾的碩意兒只問道這是甚麼人給你的信怎的這等個體裁說着這纔把那封信抽出來看先見那信的蓋面一篇只一個梅紅名帖名帖上印着個名字

是陸學機三個字老爺這纔明白了說這不是那個軍機章京陸露峯麽公子答道正是他方纔將要上車他專人送到的老爺把那名帖揭過去見底下那篇信是張虛白齋寸幾上面寫着絕小的蠅頭行楷老爺從頭至尾看了一遍便一手摘下眼鏡兒來那隻手還拿了那篇子信呆着個臉兒問着公子道這話又從何說起安太太在旁是急于要知道信上說些甚麽見老爺這等安詳說法道噯喲眞眞的我們這位老爺可怎麽好呢老爺只瞧瞧這一地人圍着都是要聽聽這個信兒的老爺看明了到底也這麽念出來叫大家知道知道是怎麽件事啊怎麽一個

人兒肚子裡明白了就算了呢老爺這纔又重新戴上眼鏡兒一字一板的念道

飛啟者頃

閣下已蒙

恩升授內閣學士兼禮部侍郎

簡放山左督學使者并

特旨欽加右副都御史銜作爲觀風整俗使凡此皆不

足爲

公榮所喜兄此萬里長征洵爲眼前一大快事此中幹

旋皆

克翁力也此刻
肯意尚未延下先祈
密之此敵餘不多及
閱後乞付丙丁

兩渾 即日

安老爺一時念完太太合大家聽了會子又不大懂得那信裡的文法兒急得說道這到底說的都是些甚麼呀只這麼之乎者也使啊使的呀何小姐插嘴道聽着像是放了山東學台了安太太道這麼着罷老爺剪直的拿白話說說是怎麼件事罷安老爺此時是一天愁早已撒在九

霄雲外去了聽太太這等說便滿臉精神先指着幾根鬍子望着太太說道太太信乎世事如蒼狗白雲之變幻無定也這椿事纔叫作天外飛來夢想不到他正待要往下說旁邊早又慪急了一位比安太太還性急的便是那位舅太太他被安老爺這半日累贅得不耐煩早不容分說一把手從老爺手裡把那篇子信搶過去說算了罷我的叔叔你饒了我罷要這麼慪會子人只怕明白不了這信上是甚麼使還叫你把人的屎慪出來呢說着便把信遞給公子說好阿哥你說說罷你可千萬別像你們老人家那麼慪人公子也不覺好笑便同他母親並望着他舅母

岳母合金玉姊妹說道我受恩典升了閣學放了山東學台作爲觀風整俗使的欽差又加了右副都御史銜如今是不上烏里雅蘇台了安太太又問他說那信裡還有句甚麼空啊空啊的那是甚麼話呀公子再想他家令堂百忙裡又把克翁兩個字給串到韻學裡的反切上去了因笑道那便提的是我那位烏克齋老師看這椿事我老師頗有個盡力的地方在裡頭大家聽了這纔一時都滿臉堆笑來安太太先念了一聲佛他此刻且顧不得別的立刻就叫金玉姊妹兩個到佛堂去上香許愿許的是下月初一先在家堂佛前上滿堂香供等看了好日子還要在

菩薩應裝金掛袍懸旛獻供金玉姊妹兩個答應一聲忙着去淨了手便到佛堂去燒香許願一回來同婆婆話兆話媳婦們也隨着婆婆在佛前許了個願心寫紺一軸觀音大士像寫一百部心經答謝菩薩的慈悲並說公婆的百年康健太太說狠好這纔是你們的孝順功德呢張太太便說噯聽着你們娘兒們這纔叫那公修公得婆修婆得各人修的各人得咧阿彌陀佛安老爺本是位不佞佛的再加上他此刻正有一肚子話要合公子說被太太這一路虔誠虔誠的他搭不上話便說道太太示格這番更講正是出自天恩君命却與菩薩何干此時忙碌碌的

你大家且自作這些不着緊的事安太太忙道老爺可不許這麽說了這要不仗着佛菩薩的慈悲小子怎麽曉的了這勞人難啊安老爺只搖着頭道愚哉愚哉這樣弄法豈非悞會吾夫子攻乎異端斯害也已兩句話的本旨了舅太太道姑老爺先不用合我們姑太太抬槓你我說這會子算老天的保佑也罷算皇上的恩典也罷算菩薩的慈悲也罷連說是孔夫子的好處我都依只要不上烏里雅蘇台了就是大家的造化今日之下我說句實話能烏里雅蘇台那個地方兒去得嗎没見我們四太爺講究只沿道兒這一走就賦得死人一出口連個住處没行一天

一二百地好容易盼到站了得住那個亞臭的蒙古館到了任就那麼破破爛爛的幾間房子早飯是蘑菇炒羊肉晚飯要掉個樣兒就是羊肉炒蘑菇想要吃第三樣兒也沒有了一交八月就是屯門的大雪到了冬天噎口臨洙到不了地就凍成冰疙疸兒了就我們娘兒三個這一到那兒怕不凍成青腿牙疳嗎如今這一來甚麼叫調任鄖直算逃出命來了可夠了我的了安老爺向來是經舅太太一嘈嘈就不得話的何況舅太太這番嘈嘈嘈嘈得太太是近理便說道如今且自把這些閒話擱起我們先叫玉格到園子去要緊說着便吩咐公子叫他趕緊到司子去

張羅明日的謝恩摺子并去叩謝他老師這番斡旋的大力就便便好詳細問問他怎得便有這番調動公子此時是樂得忘其所以聽老爺這等吩咐答應一聲就待要上老爺又叫道你回來你那枝翎子只管不要了那個翎管兒還不摘下來嗎愛當轄呀相公老爺這句一提纔把大家提醒一時間積伶兒都來了何小姐便忙着過去接公子的帽子給他解那個翎管兒翎繩兒翎墊兒一分東西他手裡一面解着嘴裡還在那裡自言自語的說道都好我就只怪捨不得這枝翎子的說着忽然又回頭合公子下再請示公公既說明日謝恩不是還得換上長褂

衣裳呢老爺聽了纔說了句是呀張姑娘那裡就說那麽說還得換上長飄帶手巾呢珍姑娘接着就說那麽說還得叫他們把數兒袱子帶上呢說着他便過東院去打點這些東西你看他直積伶去了沒一刻的工夫早都打點齊了一手托着衣裳一手拿着數珠兒袱子胳膊上還搭着兩條荷包手巾一進門兒便笑嘻嘻的向二位奶奶說道奴才纔還想起件事來既穿長褂兒衣裳這個月小建明兒就是初一還是個穿補子的日子呢這褂子上釘的可是獅子補子這不是武二品嗎爺這一轉文挨着文官的二品補子剔該是錦雞舅太太聽到這裡連忙就說是

錦雞不錯的好孩子你可千萬的別商量了不想舅太太只管這等橫攔竪當的說着他一積伶到底把底下那個字兒商量出來了及至說出口來他纔响了一聲把小臉兒漲了個漆紫登時連公子的臉都照得通紅的了惹得滿屋子的人無不大笑只有安老爺合張親家太太綳的連一絲兒笑容兒也沒有在張親家太太的不笑真聽不出不是怎麼句話來安老爺却分明聽出來了覺得自已又是公公又是家主這如何笑得只眼觀鼻鼻觀心的滿臉一團正氣大家看他那臉上一陣陣紅的竟比公子臉此紅的還紅紫的竟此珍姑娘臉上紫的還紫這個當兒

幸得張親家太太問了珍姑娘一句話說姑爺他明兒個這一上殿見皇上只穿補褂不用把那滾龍袍也給他帶上㗎又惹得大家一笑纔把珍姑娘這句玉兔金金絲臉的笑話兒給裹抹過去了當下老爺便合張親家太太說道我夫子當日的吉月必朝服而朝此古禮也我大清的制度那是朔望只穿補褂的正亂着外頭報喜的也來了接着便是烏大人差人送那道恩旨來給安老爺安太太道喜并說請大爺即刻到園子裡去這個當兒太太還要忙着叫人搭箱子找二品文補子說是有當日老太爺帶過的現成兒的倒是公子看看不是了說這件東西到了

園子總借得出來的便在上屋外間匆匆的換了長襟兒衣裳赴園子去了不提且住這回書只管交代倒這個場中請教安公子好端端一個國子監祭酒究竟怎的就會賞了頭等轄加了副都統銜放了烏里雅蘇台參贊大臣怎的纔放下來不曾起身都又從頭等轄轉了閣學從烏里雅蘇台參贊調了山東學政從副都統銜換了右副都御史銜再說這個右副都御史正是各省巡撫的兼銜又與學政何干怎的既說放了他學政又道放了他觀風整俗使這觀風整俗使就翻遍了搢紳也翻不着這個官銜這些不經之談端的都從何說起難道偌大個官場這個

倒同優孟衣冠傀儡兒戲還是著書的那個燕北閒人在那裡因心造象信口胡謅呢皆非也這段公案眞個說也話長列公若不嫌絮煩待說書的從頭慢慢說起如今先講這位安驥安大人他原是從金殿傳臚那日便蒙帝心簡在從前十本裡第八名提到第三名特點了探花及第的個人及至他得了講官大考起來漸次升到國子監祭酒便累蒙召對聖人因見他氣宇凝重風度高華見識深沉心地純正早知他是個不凡之器有用之才便想大用起來只因他年輕資淺想要叫他到邊疆上磨礪幾年閱歷些困苦艱難然後所加恩重用便好造就他成個人物

這正是大聖人代天宣化因材而篤的一番深意話雖這等說假使安公子果的從此上了烏里雅蘇台滿了北路再調南路滿了南路再調西路三年不回便是六年六年不回便是九年弄得他家父子不相見兄弟妻子離散無論安水心先生那等的德門安龍媒那樣的天性斷斷不得遭些孽障便算夢幻無常請教這部天理人情兒女英雄傳後手該怎的個歸着因此天理人情上早已暗中給他安排了一個烏克齋在那裡這個烏克齋正是安老爺的受業門生又正是安公子的會試老師讀書人看得師生一門情義最重況他又在當道一時不忍看着這位恩

師日暮倚閭這個高弟大匪陟岵心裡早想從中爲些力把這樁事幹旋轉來只是旨意已下怎的幹旋得轉過正在十分作難不想正在這個分際恰好就穿插出朝廷設立觀風整俗使的這等個好機會來列公你道這觀風整俗使端的是怎生一個來歷這話說來越發遠了這兒了卻說我大清聖祖康熙佛爺在位臨御六十一年厚澤深仁普被寰宇真個是萬民有福四海同春那些百姓如果要守分安常的鑿井耕田納有限太平租稅又何等太不快活無如衆生賢愚不等也就如五穀良莠不齊見國家承平日久法令從寬人心就未免有些靜極思動其中

有膀子膂力的不去靠弓馬幹功名偏喜作個山闖子流爲强盜會兩句酸文的不去向詩書求道理偏喜弄個筆頭兒造些是非甚至畫符念咒傳徒習教的有等養蠱種蠱惑衆害人的這大約總由於人心不淳因之風俗不厚康熙佛爺在位之日也曾降了煌煌聖諭告天下兵民後來佛爺神馭賓天雍正皇帝龍飛在位這代聖人正是唐虞再見聖聖相傳因此一登大寶便親製聖諭廣訓十六條頒發各省學官責成那班學官按着朔望傳齊大衆明白講解無如積重難返不惟地方上不見些起色久而久之連那些地方官也就視爲具文那時如湖南便弄成彌

決重犯那等大案浙江便弄成名教罪人那等大案甘肅便有兵變的案山東便有搶糧的案朝廷也曾屢次差了廉明公正大臣出去查辦爭奈法無三日嚴草是年年長當朝望八早照見欲化風俗先正人心欲正人心先端人望便在朝中那班真正有些經濟學問的儒臣中密問了幾員要差往各省責成他整綱飭紀易俗移風因此特特命了這官一個銜名叫作觀風整俗使只是這班人出去雖有職任沒得衙門便有衙門還須牙爪凡姑這些都不是一時趕辦得來的當下便又有旨交廷臣會議廷臣議得查各省學政本有個教士之責士習果端民風自正且

有現成的衙門額設的吏役便請由各該省學差上兼充了這個觀風整俗使的欽差責成他去整頓地方奏上時朝廷准奏有旨不但地方上的風俗成他整頓便那省的文武大小官員但有不守官箴不惜民瘼的一并准他一體奏參這樁事但凡記得些老年舊事兒的想都深知須不是燕北閑人扯謊那時自設立了這個觀風整俗使之後一向如浙江甘肅湖南幾省都放得有人止有山東這省因前任學政不曾任滿倘在不曾放人恰好一日山東巡撫奏報該省學政因病出缺聖意正因山東地方連年盜賊出没騷擾地方想要用一個輕年壯志的旗員去振

作一番卻又一時不得其人因烏大人是個掌院大臣便命他在翰詹班裡說幾個人來烏大人想了想自己素日深知的幾個裡頭不是年紀過大便是人地不宜一念便想到由國子監祭酒新放烏里雅蘇台參賛大臣的這個安驥身上當下便把這話奏明還聲說了一句說這安驥已有成命放了他烏里雅蘇台參賛了只恐更改不便請旨定奪他奏了這句靜聽旨意却見聖人默然不語只降旨道再說罷烏大人只道這話奏的不合聖意倒着實有些害怕那知天下事無巧不成話只這個灣兒裡當下就套出個灣兒來原來那個當兒正有一位內廷行走的勳

舊迯信大臣因合他家東牀一時口角翁婿兩個竟弄到彼此上揩子對叅起來這位大員便是當日安老爺要到河南以前那位卜德成卜三爺來給公子提親的那個隆府上他家這個姑爺便是上次御門放了閣學那個乾淸門侍衛彼時聖人見內廷近臣這等不知大體龍顏大怒登時把他翁婿兩個逐出內廷又開了許多緊要管項仍將兩個人交部嚴加議處這事只在烏大人保奏安公子的前兩天隔了没兩日部議上去朝廷便把那位大員降了個頭等轄放了烏里雅蘇的叅贊他家那位姑爺革去閣學賞了個藍翎侍衛在大門上行走又一道旨意便把

這階學缺放了安驥就放他山東學政兼觀風整俗使一體欽加了副都御史銜列公請看這場因果若不是他安家一家的德門積慶和氣致祥怎的有這般意想不到的天人扶湊却不道只這等一番穿插倒正應了安公子中舉那年張親太太說的那句侉話兒眞個他就作了八府巡按了此時他一家是怎的個樂法所不待言大槩而論怎的個樂法總樂不過他家那位新人珍姑娘你道這話怎講假如安公子依然當他那個國子監祭酒安老爺怎的便准他納妾便是放了山東學政金玉姊妹一時不能同行轉眼之間分娩了也就去了安老爺又怎的准他納

妾不想朝廷不端的先放了他個烏里雅蘇台在安公子既不便作個孤身客遠行金玉姊妹又不能帶着大肚子同去只這等個天月二德就把這位珍姑娘的件好事給湊合成了及至湊合成了安公子可不上烏里雅蘇台了改了上山東了這個當兒珍姑娘的頭是磕了臉是開了生米是作成熟飯了大白鴨子是飛不到那兒去了安老爺憑是怎的個方正難道還背得出第二部四書來不成你看這可不叫作運氣來了崑崙山也擋不住麽還合他講甚麽城牆不城墻呢只是可憐他只知感激二位奶奶老爺太太甚至感激烏大人感激萬歲爺如今前斷[illegible]言

言歸正傳郤說安公子這日離了莊園早到海淀一時到了烏大人園子門首門上一時回進去裡面連忙道請烏大人見了公子給他道了喜便說我的爺可夠了我的了幸而天從人愿不然叫我怎麼見老師師母公子見說實在是老師栽培說着一路進了書房便拜下去烏大人忙道使不得你還沒謝恩呢這豈不叫作受爵公庭拜恩私室了麽因一面還了個半禮一面拉起他來說道這究竟是出自天恩也是老師的蔭庇你的官運所謂天也非人力之所能爲也坐下便把上項事詳細合他說了一遍不消說謝恩摺子又是老師給辦妥當了安公子此時是只

感激得一面答應一面垂淚這便叫作除感激涕零而外不能再置一詞了當下談了幾句便要進去叩謝師母烏大人陪他來到上房原來烏大人那位太太相貌雖是不見怎的本領却是極其來得雖烏大人那樣的精明强幹也竟自有些監心傍兒公子見了師母先請了安跪倒便拜他那位師母的架子本就來得比老師沉些更兼又是個大胖子并且現在也懷月的身孕門生在那裡磕頭他只微欠了欠身盧伸了伸手說起來罷公子拜罷起來他纔站起身來問了老師師母的安便又坐下這纔讓公子坐問兩個門生媳婦好因說道你老師爲你這件事只急

得幾夜沒睡這一來可好了就只你們這一走我知道老師師母一定是不肯同你們出外的難道倆奶奶都去不留一個在家裡伺候老人家嗎公子連忙站起來把兩個媳婦都現在有喜不能上路的話說了烏大人道然則你一個出去不成公子沒及回話便聽師母說道一個人兒出去又有甚麼使不得的這可講不得呀再說一個人兒在外頭借此操練操練身子纔正好給萬歲爺出力呢烏大人便不敢言語公子是向來有甚麼事從不敢瞞老師師母的見老師這等關切便說門生父母也慮到門生此去沒人賞了個丫頭叫帶了去烏大人合安老爺是個通

家他家那班侍婢一個個都見過的便問是一那個公子只得答說就是那個名字叫長姐兒的烏大人聽了心下暗想這一個白的白似雪一個黑的黑似鐵却怎生鬧得到一家子因是個師生一時不好合他戲言只說了句也倒罷了烏大人太太便道這個女孩兒我也見過可倒大大方方兒的只是你這個歲數兒倆奶奶都遇了喜了老師師母可々忙着給你放個人作甚麼呢說着便把嘴向烏大人一努合公子道你諸事都跟你老師學使得獨這條兒可別跟他學你瞧這不是嗎新近又弄了倆小的兒了前前後後這倒有了八個夠一棹了是說是爲沒兒子

走見也得他們有那個造化生長阿我也不慌得怎麽叫個糟糠之妻不下堂又怎麽叫個寡慾多男子你們爺兒們的書也不知都念到那兒去了說完了還嘖嘖嘖的在那裡咂嘴兒一片話把公子唬得一聲兒不敢响只望着老師老師此時也覺不是勁兒只得皮着個臉兒向公子說道我今爲今年是你師母個正壽所以又弄了倆人合上個八仙慶壽的意思你師母還只說我不寡慾却不道九個人裡只有你師母過了喜了可不算得個雖有不存焉者寡矣這裡只管說話公子却見那一帶碧紗櫥後面有許多釵光鬢影粉膩脂香的在那裡的窺探心裡暗道

看這光景我走後管保又有場吵翻便不敢多言談了幾句閒話起身告辭到了下處歇了一晚次日上去謝恩一連見了三面聽了許多教導的密旨上意因是山東地方要緊便催他卽日陛辭公子陛辭下來在海淀拜了兩天客次日又由內城一帶辭了行便趕回莊園來安老爺此時見了他不是前番那等閉着眼睛的神氣了便先問了問他這番調動的詳細公子一一回明提到見面的話因是旨意交代得嚴密便用滿洲話說安老爺色勃如也的聽完了便合他說道額扐基孫霍窩扐博布烏杭哦烏摩什鄂雜窩孤倫寡依扎喀得懸齋齋得懸圖於木布烏樓鄂珠窩喇庫公

子也滿臉敬慎的答應了一聲依舊那時候的風氣如安太太舅太太也還懂得眼面前幾句滿洲話兒都在那裡靜靜的聽着又聽老爺吩咐公子道你這幾日不在家一切的事情我都給你計算在這裡了你的盤費帶得自有敷餘人要不夠使也還可以再帶兩個去眷口不消說自然仍是請你舅母帶了烏珍先去等兩個媳婦分娩了隨後啟程那褚一官陸葆安想是九公怕他兩個沒工夫回去又打發了兩個叫作甚麽趙飛腿鐵肩膀的來給他們送行李來我倒見了見這兩個人那個趙飛腿高裡下裡只書房那個屋門他便進不來那個鐵肩膀也壯大非常

細問了問褚壁兩個據他們說起纔知原來那趙飛腿叫作甚麼趙飛鵬因他腿上有兩撮毫毛一日能行三百餘里這人跟着九公各路走了十幾年算他各長行轎夫那個鐵胳膊姓馮名叫馮小江是九公水路保鏢的個隨身伴當說他兩臂有千觔之力一年鄧九公保着貨船天晚船擱了淺船上衆人只弄不起他生恐失事立刻跳下水去只一肩膀便槓得那船行動了因此得了這個綽號九公如今歇了業便把他兩個留在莊上吃碗現成茶飯連他兩個的家眷也在莊上我方纔聽你的話只怕此去這等人正用得着究竟起來這些事尚且小焉者也我以爲一

現在第一樁要緊事你得請一位認真有些心胸見識的幕友去纔好這樁事却倒大難我們家裡的程氏喬梓自然非其選也便是親友薦個人來姑無論他人品學問如何到了那裡且自人地情形不熟至於外省那班作幕的真真叫作牛鬼蛇神無般不有這都是我領教過的公子便回道這話正要回知父親我克齋老爺也替我慮到這裡說了兩個人一個姓顧名緊號肯堂浙江紹興人據說道人是從前紀大將軍的業師他原要幫紀大將軍作一番事業因見他不可與圖便隱在天台雁宕一帶這一個大縣未必肯出山了老爺點了點頭便問那一個呢公子

同道那個便是那個顧肯堂的同學師兄弟也在紀大將軍幕中待過姓李名應龍號素堂別號子雲山人是唐李鄴侯的派後人據說這人天文地理無所不通遁甲奇門無所不曉以至醫卜星相皆能只是為人卻高自位置的狠等閒的人也入不得他的眼其學問便可知了聽新近山東撫台勉強請了他去相處了沒幾天便辭館出來說來說道此非我居停也并說這人無家無業只在茌平一帶不知一座甚麼山裡住着學那嚴君平的垂簾賣卜偶然也出來捨藥濟人有時偶然到滕縣李家鎮來探望親戚便在那裡住一向作個市隱我老師囑咐我沿路留心

去訪這人只不知訪的着訪不着想着此去正從鄧九公莊上經過詳細問問九公一定曉得安老爺又點了點頭說這人果是白衣山人之後不消講一定也是忠孝神仙一流人物你儻得這等個人相助爲理吾無憂矣或者有緣遇着也未可知但是外省地方照這等沒得虛名慣說大話人也儘有你此去訪他却要自已訪個眞切切不可以耳爲目請個不三不四的人來那却受累不淺列公你看只安老爺這一席話又給燕北閒人找出許多累贅來了如今且自按下休提却說安大人在家安排了幾日便商定自己按着驛站山旱路先行家眷順着運河由水路

後去跟安大人先走的是晉升葉通隨緣兒四喜兒合褚陸馮趙四個後撥兒跟家眷去的便是華忠戴勤趕露兒還有新雇的兩窩子家人一名來升一名進祿又有舅太太家兩個陳人一名馮祥一名俞吉因安大人升了外任又聽見舅太太同去也投奔了來安老爺便在這四個裡頭派了來升跟公子去俞吉跟家眷去留下進祿馮祥兩個同着張進寶梁材等在家照料分派已定看看行期將近公子着實在他父母膝前親近了幾天這其間不必講安太太合兒子自然有一番絮話金玉姊妹合夫婿自然有無限離公子依依堂上睠睠閨中自然更有一番說不

出來的別後離絮便是舅太太珍姑娘合安太太并金玉姊妹骨肉主婢之間也有許多的難分難捨但是他家那番經了那番要上烏里雅蘇台的那場離別如今再經這場離別彼此也就排遣了了許多到了長行這日公子便把別家祠叩辭父母帶了一行人等先行赴任過了兩日催齊了船便是家眷起行內裡跟去的是晉升女人隨緣兒四喜兒的兩個媳婦並跟舅太太的人跟珍姑娘的喜兒何小姐還道珍姑娘沒個貼已的人照應那知他不知甚麽空兒早認了戴嬤嬤作乾媽了何小姐又添派了戴嬤嬤跟了他去其餘的便是兩個粗使的老婆兒小丫頭

子舅太太合珍姑娘這一走安太太合金玉姊妹自然也有一番托付交代不待煩言至於這班人走後安老夫妻在家自有金玉姊妹婦代子職侍奉家事自然依舊還是他兩個掌管這些事也不消煩瑣了此書原爲十三妹而作到如今書中所敘十三妹大仇已報母親去世孤行一人無處歸着幸遇鄧褚等位潛安公子玉成其事這就是此書初名金玉緣的本旨後來安公子改爲學政陞辭後卽行赴任辦了些疑難大案政聲載道位極人臣不能盡述金玉姊妹各生一子安老夫妻壽登期頤子貴孫榮至今書香不斷這也是安老爺一生正直所感這燕北閒人

守着一盞殘燈拈了一枝禿筆不知爲這部書出了幾件臭汗好不冤枉列公說書的話交代到這裡算通前澈後交代過了做個收場豈不妙哉

兒女英雄傳評話第四十回終